老子道德經新解讀

韓廷一◎注譯

謹以此書獻給
花師四十八級甲班同窗;
并賀　陳導師　恆觀先生
八秩嵩壽！

班友活動之一
～曾禮雄提供～

班友活動之二
～陳清貴提供～

班友活動之三
～曾禮雄提供～

目　錄

序㈠　我這一班／陳恆觀 …………………… 1

序㈡　四十同窗・各有千秋／吳武典 …………… 4

序㈢　我有話要說……／陳如岳 ………………… 9

序四　牛般的眼睛，決不……／彭昌史 ………… 14

序㈤　恥傍人門戶・恥隨人唱喏／鄭俊彥 ……… 17

(訪)(談)篇

帝王如糞土　天地一窟窿 ……………………… 23

　　〜老子訪問記〜

道可道，非常道；名可名，非常名 …………… 40

　　〜與老子談《道德經》〜

《(道)(德)(經)》

道　經

第一章　道、名，無、有，妙、玄 …………… 055

第二章　相對、無為之道 ………………………… 058

第三章　無為無欲之道 …………………………… 061

第四章　有形、無形之道 ………………………… 063

第五章　虛無之道 ………………………………… 065

第六章　無窮無盡之道 …………………………… 067

第七章　無我無私之道 …………………………… 069

第八章　如水之柔 ………………………………… 071

第九章　道之退守 …………………………………… 075

第十章　道貴乎自然 ………………………………… 077

第十一章　以有為體，以無為用 …………………… 079

第十二章　不為物欲 ………………………………… 081

第十三章　無心無為 ………………………………… 083

第十四章　道之無相、無聲、無形 ………………… 086

第十五章　道之無為無不為 ………………………… 089

第十六章　致虛守靜、歸根復命 …………………… 092

第十七章　無為而治 ………………………………… 095

第十八章　有仁義，有大偽；忠孝節義，國破家亡 … 097

第十九章　樸實無華，少私寡欲 …………………… 099

第二十章　有所為，有所不為 ……………………… 101

第二十一章　道無所在，無所不在；

　　　　　　道無所有，無所不有 ………………… 105

第二十二章　不爭之爭 ……………………………… 107

第二十三章　自然無為 ……………………………… 110

第二十四章　順其自然，按部就班 ………………… 113

第二十五章　無極太極之奧 ………………………… 115

第二十六章　以重御輕，以靜制動 ………………… 118

第二十七章　道體互用 ……………………………… 120

第二十八章　不爭之德 ……………………………… 123

第二十九章　去甚、去奢、去泰 …………………… 126

第三十章　以道治天下，不以戰制天下 …………… 128

第三十一章　兵者不祥之器 ………………………… 131

第三十二章　抱樸無為 ………………………………… 134

第三十三章　力、強、富、志、久、壽 ……………… 137

第三十四章　不自以為大 ……………………………… 139

第三十五章　道之體用 ………………………………… 141

第三十六章　以退為進 ………………………………… 143

第三十七章　無為，無不為 …………………………… 145

德　經

第三十八章　道、德、仁、義、禮 …………………… 149

第三十九章　貴以賤為本，高以下為基 ……………… 152

第四十章　　正反，強弱，有無 ……………………… 156

第四十一章　道之體悟 ………………………………… 158

第四十二章　滿招損，謙受益 ………………………… 161

第四十三章　柔弱無為之效 …………………………… 164

第四十四章　知足不辱，知止不殆 …………………… 166

第四十五章　以清靜為體，以正大為用 ……………… 168

第四十六章　知足之足 ………………………………… 170

第四十七章　守道知本 ………………………………… 172

第四十八章　損益之道 ………………………………… 174

第四十九章　仁民愛物之道 …………………………… 176

第五十章　　不以七情亂志，不以六欲害心 ………… 178

第五十一章　道、德、物、勢 ………………………… 181

第五十二章　得本以知末 ……………………………… 183

第五十三章　不可喪本求末，不可內虛外炫 ………… 185

第五十四章　治國、平天下之本在於修身 ………… 187

第五十五章　赤子含德之心 …………………………… 190

第五十六章　立身處世之道 …………………………… 193

第五十七章　以無事取天下 …………………………… 195

第五十八章　中正之道 ………………………………… 198

第五十九章　順天應人莫如嗇 ………………………… 200

第六十章　　以無為治國 ……………………………… 202

第六十一章　國與國相交之道 ………………………… 204

第六十二章　道之禮讚 ………………………………… 207

第六十三章　圖難於易，為大於細 …………………… 210

第六十四章　無為而無不為 …………………………… 213

第六十五章　我無為而民自化 ………………………… 216

第六十六章　以言下民，以身後民 …………………… 218

第六十七章　慈、儉、後三寶 ………………………… 220

第六十八章　用人之力，配天之極 …………………… 223

第六十九章　不爭之爭，哀兵必勝 …………………… 225

第七十章　　知難行亦難 ……………………………… 227

第七十一章　大智若愚 ………………………………… 229

第七十二章　人心如道心 ……………………………… 231

第七十三章　天道無所為，無所不為 ………………… 233

第七十四章　為政者不得藉口以殺人 ………………… 235

第七十五章　淡泊勝奢侈 ……………………………… 237

第七十六章　柔弱勝剛強 ……………………………… 239

第七十七章　天道以謙 ………………………………… 241

第七十八章　水之德 …………………………… 243

第七十九章　處於無為，安於自然 …………… 246

第八十章　小國寡民 …………………………… 248

第八十一章　施比受有福 ……………………… 251

參考書目 ………………………………………… 253

跋　「老子」自道／韓德威 …………………… 255

我這一班

陳怡魁

　　誤人子弟三十多年，先後待過四所省、市立中等學校，雖說在高雄女中的時間最長，但最懷念的還是花蓮師範那兩年的日子。

　　民國四十五年，我到花師任教，並兼任一年甲班導師。那是一群剛從初中畢業半大不小的孩子，正處於叛逆年齡階段，不可能每個人的言行都中規中矩，而訓導處尤其負責學生生活管理的教官則要求極嚴，原以為夾在當中的導師不太好當。很幸運地，我這班學生都很用功，他們的時間和精力大都用在課業上，連和女同學互動都不如別班那麼熱絡，遑論惹是生非。儘管有時也會有人在週記和作文上發發牢騷；但只要批上幾個字並不讓被發牢騷的人看到，就什麼事都沒有了。所以我這個導師當得既輕鬆又愉快。

　　我在這班學生畢業前一年離開了花師。不過與他們相處融洽的兩年歲月裡，發現其中臥了不少「虎」，藏了不少「龍」，只是怎麼也沒有想到他們後來竟然是花師有史以來表現最出色的一個班——博士、碩士一大堆，教授、校長好多個，簡任高官已非稀奇，文章洋洋灑灑、著作幾乎等身的也不乏其人。本書作者即是其中之一。當初他給我的第一個

印象，不是其人外貌，而是每週繳交的書法和隔週的一篇作文：前者筆力遒勁，大開大闔，氣勢不凡；後者活潑流暢，有使人一口氣要讀完全篇的吸引力，並不時藉機諷諫現實的缺失。他發表在校刊上的一篇〈夜間緊急集合記〉，描繪逼真，如聞其聲，如見其人，只因語帶鍼砭，教官大為不滿，大概校長也欣賞這篇文章吧！出面安撫了教官，他才沒有受到處分；否則，提供文章資料和保證不被懲罰的兩個人——我與訓育組長就難辭其咎了。

　　時至如今，事隔近半個世紀之後，我在他的多本著作中，仍不時見到以彼喻此、借古諷今這類的文字，俗云：「江山易改，本性難移」，是邪？非邪？是否也因此為當道所忌，使其有志難伸，在擔任二十六年不痛不癢的公職後，就申請退休了？我對本書作者另一個印象，就是他為了跳越鞍馬，將鼻樑碰傷也毫不在意。正因為有這種不甘人後，奮勇向前的精神，或許正是他以後非凡表現的動力，能從一個只與高中資格相當的師範生，而今擁有學術上最高榮譽的博士學位；從一個小學教師，漸進為好幾所大學聘請的兼任教授；先後出版了多本鉅構，並計畫每年至少再寫一本，已是多產作家了。不特此也，他還列名中華民國的名人榜呢！諸此傑出成就，豈是倖致！

　　前些日子，本書作者來電，要我為他即將出版的新書寫序，嚇了一大跳。我小時雖在私塾讀過幾本雜七雜八的古書，早就還給老學究了；後來由於教學需要，曾買過幾本翻翻，也只是現蒸現賣，根本沒有深耕研究過；何況退休十多

年了，若非偶爾和大陸親友通通信，恐怕連筆都難得碰一下，要我為那與先秦諸子有關的論著寫序，那有這勇氣！幸好不久得知只要寫些「想當年」的事，才算鬆了口氣，但也只能拼拼湊湊，勉強成篇罷了。

　　＊本序作者「他是我高中老師（國文）」，感謝他當時對我「無為而治」，沒有強逼我背書，（我自願放棄占學期總成績百分之二十的背書），使得我揮灑自如，游刃有餘。他是我以及我同窗，這一生最感念的恩師之一。

序㈡

四十同窗‧各有千秋

吳清鏗

　　韓廷一是我花師四八級的同窗。四八級有三班普師科
（招收初中畢業生，修業三年），另一班特師科（招收高中畢
業生，修業一年）。我們是普三甲的同學，共有四十名，全
部男生。花師三年，時間不長，卻給大家留下一輩子的懷
念。在「花崗山上，太平洋濱……」，來自四面八方的十
五、六歲的小伙子們，組成了一個大家庭，「以校作家」，
從晨曦起跑到晚點就寢，大家讀在一起，吃在一起，睡在一
起（一間大通舖），笑鬧在一起，「把吃苦當吃補」，建立起
了無比濃厚的「革命情感」……；而我們的家長（導師）便
是陳恆觀老師。

　　我們班上的異議分子之一——韓廷一把他最近的力作
《老子道德經新解讀》獻給花師四八級同窗暨陳導師恆觀，
是有他的道理的。

　　花師四八級普三甲是一個奇異的組合，大約三分之二來
自「異地」——宜蘭及西部，大多是農家子弟，一半以上
是「三級貧戶以上」出身（含本人）。因此，刻苦、耐勞、
篤實、用功便成了我們這一班的基調。大家偶然相聚，雖說
是有志一同（為了所謂「百年樹人」），多半卻是為家計所

逼，需要一個不必花錢，又可吃飯、睡覺的地方；於是「花蓮師範學校」（花錢吃飯睡覺），便成了我們最佳的選擇。不過，我們也得承認，我們的基本素質不差（考進師範不容易），而且經過李昇校長（就是大導演李安的父親）、陳恆觀導師等師長們的循循善誘之後，我們這些不知天高地厚的蘿蔔頭（一直到畢業都剃光頭）很快地就立定了志向，要「為天地立心，為生民立命，為往聖繼絕學，為萬世開太平」。所謂「師範生較有專業精神」，是這樣子來的。

　　說韓廷一是我們班上的異議分子之一，即表示還有其他異類；不過，廷一兄絕對是最有代表性的。他屬於「笑傲江湖」那一類型的人物，天才橫溢，卻又不拘小節，不講俗套，文筆犀利，常發謬（妙）論。有一次，朝會之時，被點名上台發表聽訓心得，竟然逮到機會，對訓導處、對時勢大肆嬉笑怒罵一番，贏得如雷掌聲，當然也令「當道」極為難堪。從此，「韓大砲」之名，不脛而走，而聽「韓大砲」放炮，成了班上重要的餘興節目之一；然而，令人意外的是，那次事件，他竟然平安無事，之後，也沒惹禍上身，在那威權時代，是很不尋常的。究其原因：第一、他的大砲，看似嚇人，其實並不具殺傷力；像是沖天炮，五彩繽紛，煞是好看，妙語如珠，聽了真爽，連被攻擊的人都覺得有趣，沒有人懷疑其動機；第二、我們班上，人才濟濟；就是缺少「第五縱隊」，大家一直相親相愛，相互掩護；第三、我們陳導師的包容；陳導師綽號「土地公」，他法相莊嚴，內心仁慈，而且善於識人，在擔任導師一學期之後，即能公開一一

點出，每位同學的特性和優缺點，折服眾生。尤其難得的
是，他總能從瓦礫中找出黃金來；眾所難容的特質，一經點
化，即成不世之才。廷一兄的書法，我們都覺得潦草而不中
規矩，陳導師卻獨具慧眼，認為如天馬行空，極為瀟灑；韓
氏言論，我們認為離經叛道，陳導師卻認為是詼諧灑脫，別
樹一格，必成正果。果不其然，今日廷一兄的書法與文章，
均自成一格，卓然有成。不說別的，單就「超越時空，與古
人對談」而言，從「挑戰歷史」、「顛覆歷史」，到「八卦歷
史」、「黑白歷史」，就匪夷所思，令人拍案叫絕！以學術語
言而言，韓兄在文采與思想上，勇於突破現狀，而且創意十
足！

　　韓氏風格，嬉笑怒罵皆文章；我最初以為「供茶餘飯後
消遣用，有餘；登大雅之堂，不足」。後來發現不是這樣
的，應該兩者皆宜。讀了韓兄近著「老子道德經新解讀」之
後，更確信如此。廷一兄仍然沒忘記超越時空訪問老子一
番，重點則在對這部中國哲學大典，重新詮釋，亦莊亦諧，
逸趣橫生，且時露機鋒。看來，廷一兄並非只有老莊灑脫的
皮相而已，骨子裡真正下了工夫。這本新書，蠻正點的，有
營養，且可口，值得大力推銷。

　　既然廷一兄要把這本大作獻給花師四八級同窗暨陳導師
恆觀，在此不妨簡述「我們這一班」四十三年來的眾生相，
作為「序」之附記。四十同窗，兩位已作古，其餘大多已退
休。師範畢業後，都曾在小學任教，先後又幾乎都完成了學
士學位。走過的生涯路中，有大學教師五位（其中三位具博

士學位，廷一兄和我是其中之二），中小學校長四位，行政
主管二位，醫生一位，銀行主管一位，企業主管兼中央民代
一位，其餘則皆堅守中小學教師崗位，以至退休或仍在職。
回首來時路，無比感懷。想不到在那邊陲荒涼一角，在那動
盪貧困的年代，卻蘊育出一個個無比堅實的生命，四十小人
物在「那下」成長、茁壯，然後出道為師、再學再造；退
休、再創第二生涯……。我們有不同的個性，慶幸在陳導師
和其他師長教化下，都獲得尊重和生機，寫下一篇篇生命的
故事。其中，我走的是「乖乖」路，廷一兄走的是「不乖」
路；但都是「正路」。其實，我好想嘗試他的「不乖」，不過
我知道我做不來，頂多只能在此搖旗吶喊而已。

91年12月30日於
台灣師範大學教育學院

＊本序作者，台灣宜蘭人，美國肯塔基大學哲學博士，
主修學校心理學。曾擔任中、小學教師，主持台灣師大特殊
教育中心十一年，並創立特殊教育研究所（系），擔任首任
所長（系主任）。曾先後擔任中華民國特殊教育學會、中國
測驗學會、中國輔導學會及中華資優教育學會理事長，並獲
選為世界資優教育協會（WCGT）會長（1993-97）。他曾獲
師鐸獎、傑出研究獎、世界資優教育協會卓越服務及貢獻
獎。目前是台灣師大教授兼教育學院院長。

他的學術領域兼及特殊教育與心理輔導。曾出版二十餘

本專書，二百餘篇學術論文（其中十餘篇發表在國際刊物上）。是多個國際學術期刊的編輯顧問，多次應邀擔任國際會議主講者。

吳武典在教育界已是家喻戶曉響噹噹的人物；他是我班「班寶」。不過，每次看到「吳武典」三個字及其影像出現在媒體時，我就「遭殃」了。「你看，吳武典又上媒體了，你什麼時候也死乞八賴的去亮一亮相嘛，讓我予有榮焉一番。人家循規蹈矩的多正『典』。你呢？東飛西跳的像隻蟑螂，千年『僵屍』（講師），萬年『狐教唆』；幹了一輩子的公務員，連個科長也沒混上，你還爬格子，你省省吧」……，老婆像連珠砲似的，三天三夜念她的「媽媽經」！

我認了，我這輩子最大的官就是「家長」。那是「創造宇宙繼起生命」「世襲」得來的；學政治的人最怕上媒體，不是貪污、舞弊就是「思想問題」，只有坐黑牢，送「綠島大學」管訓的分兒；其實我要當官還不簡單：坐牢25年當黨主席；12年當副總統、8個月外加老婆出車禍，還可當總統呢！莫不有法定「價碼」可循。

序(三)

我有話要說……

陳如岳

　　獲知韓兄「大砲」又要出書了；此次，除將「心得」與同窗故舊分享外，特將「成果」呈獻給恩師——陳恆觀導師，做為八十歲壽。心中自是一番欣悅的感動。為使讀者「觀其書，知其人」，我有話要說。

　　花師四八級甲班四十位同學中，怪才特別多，「大砲」即其一。他雖經常發砲，但絕非無的放矢，感於時局混沌，正義公理不彰，而仗義執言，其言辭犀利，一針見血，故「大砲」之名，不脛而走。

　　當年咱窮師範生，三餐吃不飽，有人向美麗的女教官王瑞南抱怨：「饅頭太小」，她解釋說：「因為揉得不夠，沒發酵！」，一語雙關引得哄堂大笑！學生餐廳中的便當盒，一個比一個大，魁壯的韓兄也是超大的一個「大肚量」，成為大家的趣譚；令我感佩的是，韓兄更有「大度量」，是同學中影響我一生最深的人。我跟著他填寫服務志願，才會分發登記在台北市，兩人拿了派令同到陽明山管理局報到。而後；全靠他的引領，得以在同校服務三年，同年考取大學（他進政大，我進師大）。另一位影響我的同學，是後來官拜督學的陳正邦，慫惠我走上學校行政之路。

　　初到外地任職的「窮教員」，屈於現實生活的需求，帶領「升學班」，全心全力，盡己所能的陪「公子」讀書，因而擱置了自己的進修。而「大砲」胸懷遠志，屬意帶領「放牛班」，留下精力時間，奮力自我進修，他對學生的功課不強求，而著重於生活教育。培養學生樂觀自信的態度，日後在社會上都能泰然立足。連他班上「吊車尾」的學生，小學畢業後，從事代向洋人收取房租的工作，每月所得都勝過咱好幾倍，而引以為嘆，後來這學生已成三家輪胎行的老闆。

　　當時，韓兄家住北市興安街，即今中興大學附近，每天騎腳踏車往返天母上班。每早逆風上坡趕路十幾公里，都毫不在意。臨考前，為爭取時效，留在學校自修，夜裡在教室併攏四張小課桌，舖上草蓆而寢，其堅毅刻苦精神，習以為常。

　　韓兄考取政大，以夜間任教育達商職半工半讀方式，竟能以優異成績畢業；且在同年高考亦以第一名錄取，而分發任蒙藏委員會專員。不久轉任教於省立大湖、旗山等農工商職校，想來是不想被約束。五十九年復以第一名，入政戰學校政治研究所，習三民主義。韓兄名「廷一」，似與「第一」結不解之緣。

　　六十一年獲法學碩士，受聘中正理工學院任講師。七十一年遭政治迫害去職；從而專任升大學補習班三民主義教師暨政治巡迴講座。是補習班的頭號紅牌，課程從白天到夜間全排滿檔，收入頗豐。我曾對他說：我不羨慕你的收入多，但佩服你日以繼夜的教課，而不會累倒，好似鐵金剛。後來

乾脆自己開家補習班，讓太座掌管，光是招牌頂讓時值一千二百萬新台幣，可見氣勢如日中天，盛大非凡。只因商場如戰場，二年之中落得血本無歸。

七十六年韓兄獲美國西太平洋大學政治哲學博士學位。七十七年解嚴，復任公職，就國父紀念館聘任編審。八十年獲教育部頒「優秀教育人員獎」。八十二年奉行政院派赴英倫南灣大學作博士後研究。回國後，將研究心得，以「瞄準英國」之名出書，供當道採擇。

韓兄身為長子，除自身勤學有成，亦為諸弟楷模，四位胞弟，有任職大學會計主任者，有二位還是留美電腦專家，有任職警政署者，皆卓然有成。手足情深，兄友弟恭，足堪稱羨。韓夫人劉玲玲女士，出身實踐家專、善於持家，育有三男一女，男者習醫事，女者任教職，皆已出人頭地。一家和樂融融，自擁一片美滿的天地。其夫人在丈夫的激勵薰陶下，考取國立台北師範學院，以作育英才為職志。

歷經四十餘年歲月，韓兄即便歷任各項公職，亦從未離開教職。歷任空大、國防、政戰、銘傳等院校及空商專、南亞等十餘專校教職。並兼建國、北一、儒林、文成、聯大、中華、建橋、建立、遠東……等二十餘所升大學文理補習班名師，受教學生逾六萬人，堪稱桃李滿天下。

韓兄於七十一年首次出書，書名《韓昌黎思想研究》，由商務出版，這本學術專著考證嚴謹，見解獨到，頗具深度，乃有心彰顯「文起八代之衰」的「韓氏」先人之作。留英歸國後，先後由幼獅出版《瞄準英國》、《馳騁英倫》，俱

為採擷他人之長，向當政者建言。

自八十八年底至九十一年初，三年間陸續由萬卷樓出版《挑戰歷史》、《顛覆歷史》、《八卦歷史》三書。篇篇精彩絕倫，更是真正顯現韓兄的特質及風格。或以古諷今，或以今溯古。對書中人物、正邪、功過、是非，都經一番嚴謹的驗證，並闡述自己的理念，具獨到的創意，令人拍案叫絕，深獲我心。在笑談怒罵中，詼而不謔，文筆明暢，俱見博覽群籍，學貫古今的深厚功夫。無怪乎已被多所大專院校青睞，選充教材。

韓兄常以「有所為，有所不為；無所求，無所不求」自勉。進退有節，能看得開亦有所堅持，故能高風亮節，不與俗世同流，不汲汲於仕途，但執著於心中的理想。故至今猶退而不休，仍在海大、實踐、台北護理、台北商業技術、亞東技術等五所院校任教，並擔任「火炬」雜誌社的發行人。發願在未來十年積極著書立說以盡書生報國之道。我們期待韓兄繼《老子道德經新解讀》之後，有更多的嘔心瀝血之作。「立言」以供世人師法。

＊本序作者，當年睡我隔床下鋪，他是班上少數幾個用得起香皂的人。有一晚，大夥兒趁他不在，一起洗了個痛快的「香」澡，等他回來後，晶瑩剔透，綠如翡翠的香皂已薄如紙片了。

作者自北投明德國小校長退休後，在家含飴弄孫？還是被孫弄？不得而知。

如此溢美，很是感動；假如我先死，一定請如岳兄撰
「墓誌銘」焉。

序(四)

牛般的眼睛，決不……

二千年前的春秋時代，列國擾攘，上下交征、道德淪喪，禍亂頻仍，歲無寧日，有老子者應運而生，倡言御天下者失其道也。乃有五千言《道德經》之作，以無為、守靜，使天下「安、平、泰」（第三十五章），功遂身退，其意至明。

道德經五千言涵蓋了萬物之起源、成長，一個「道」字可說是天下萬物之根，歷久而彌新焉。「其猶龍乎！」此乃孔子所讚美的話。惟吾人在研究與考據上真是汗牛充棟，且文句簡古，版本又多，讀來頗感困難。

老子的思想不是被解得太虛玄高妙，就是太過於實用淺陋；不過，道德經的文彩華麗、思想綿密、意境高超。區區五千言實宇宙天地人間之至理，歷來名儒碩彥，莫不奉為圭臬。近來研讀之風，除了使得「老外也瘋狂」外，連黃口小兒也念念有辭的參加讀「經」比賽。

吾兄廷一，外號韓大砲，幼居宜蘭南方澳漁村，刻苦勵學。筆者有幸與之在花蓮師範，三年同窗、相知甚深，其人頭大如斗、後腦特凸，奇人異相，才華洋溢，軼事也真不少。他畢業紀念冊上的題詞是「牛般的眼睛，決不向屠刀掉

淚……」云云，印象極為深刻；由此可見他耿直的個性。

有一次體育考試（體操跳箱）跳不過者不及格，大砲兄二話不說，奮勇往前一躍，過則過矣，鼻樑也為之一斷，卻面無懼色。外號大砲實因彼時師範公費教育，每個月開「動員月會」檢討校務措施是否合宜。韓兄每會必放一大砲，擲地有聲，博得滿堂彩。其實他的專長是出版班刊，大作數篇，滿腹經綸，幽默突梯，且含意深刻，令人難忘。

三年服務期滿，他就讀政大邊政系，居然又高考及格分發蒙藏委員會，「大砲與老賊共一室」，實難以想像。七十六年韓兄得美國西太平洋大學政治哲學博士；在赴英研究考察歸國後，開始朝立言目標邁進。

當今世局紛擾，重名利拚選舉，輕民生忽經濟。有欺世盜名者；也有自命為台灣之父、之子者；或自稱民主先生者，大言不慚不一而足，且八卦橫行，相互攻訐，每日一刊，莫此為甚。

在此社會風氣敗壞，道德瀕於崩潰之時，以致於許多人都內心苦悶，精神徬徨，入空門者有之，進入哲學境界，以求慰安者有之；為開展新機、生氣與活力實有重新調整道德的必要。

廷一兄新著《老子道德經新解讀》應運而生，是政治的、哲學的、也是生活的精華。勸世人勤讀道德經以懂得謙卑處下，與人為善之道，尤其是當權的「老子」──「台灣民主之父」與「台灣之子」。

本書作者指名將本書獻給花師48級甲班同窗，暨陳導師

恆觀先生；喬為當年花師48級普三甲班班頭，雖力有未逮，
勉力為序，實引以為榮焉。

＊本序作者，為當年「班頭」。風流倜儻，瀟灑不羈。
影響所及，形成吾班特有之班風。

序(五)

恥傍人門戶‧恥隨人唱喏

鄭俊彥

　　本地俗話有云：「孩子愛過年，老人怕冬至。」年輕時對歲月流逝不太經心，四十過後就漸有所感，到得耳順之年，更能體會深深。師範畢業一晃兒已過四十餘年，過去師範生公費，十幾歲孩子離開家人，相聚一堂，同吃住，同吟讀，有著一分深厚的戰鬥情感。畢業後雖然各自分飛，都還互有訊息。如今大部分都已退休得閒，把生涯重作規劃。同窗韓廷一博士，學貫中外，最近寫了《老子道德經新解讀》一書，願將成果獻與花師四八級甲班陳恆觀導師及同學分享，表達對昔日同窗之誼的眷念與關懷。

　　廷一兄聰穎風趣，風骨異稟，富正義感，在學時就展現他獨特的人格氣質。記得在師範讀書時，當時的師範生，被當成訓練中心的新兵，生活起居以軍號操控，還打綁腿出兵操，生活一切軍事化管理；更有甚者，有時午夜一兩點鐘還來個「夜行軍」。十幾歲的孩子，正需充足的睡眠，被操起來夜行軍走幾公里路，汗流挾背，回得床上也難以入眠。第二天上課就如吸了大麻，飄忽暈眩。廷一兄就在當期校刊撰寫〈夜間緊急集合記〉一文，以輕鬆逗趣的筆觸，描述過

程，抒發一點心聲，為同學道出肺腑。在封建的當時，不能見容於訓導處，被主任教官召見，要以「有煽動意圖」記過處分，好在我們有開明的導師，為其力爭始免於難。他對事情觀察敏銳，剖析事物洞察精微。作學問的態度嚴謹，不願承襲傳統，常有獨特的見解。

廷一兄是個勵學上進的人，師範畢業服務期滿，即考入政大，之後又進政戰學校政治研究所獲取法學碩士，一九八七年獲美國西太平洋大學政治哲學博士學位。他在一九六六年即以高考第一名錄取，進任公職。而宦途終非其志，不久即重返教壇。台灣解嚴後，復任國父紀念館編審，抱持「有所為有所不為，無所求無所不求」理念，韜光養晦，飽覽古今中外之學，堪稱今日之「老聃」。一九九八年自願退休後，更勤奮於讀書與寫作。近年埋首研讀老子哲學與孫子兵法，深覺老子與孫子之學有異曲同工之妙，才著手寫著《老子道德經新解讀》，想把中國最具智慧的哲學思想，提出新的闡釋，讓世人有一分不同思維，也給在位者提供採擇參考。韓老哥是性情中人，將這本書的成果，與同學分享。他來電囑我為文幾句，提出一點心得，反覆思索，無可置喙。謹將同學相知之情陳述，並表達個人對韓兄的敬佩與感謝之意，也預祝該書出版，給今日充滿功利自私的社會帶來一線旭光。

　　＊本序作者當年為班上小帥哥，畢業後無怨無悔服務教育四十二年；同時帶職進修十四年先後完成師專、師大及研

究所學業，讀萬卷書；退休後，走遍六大洲，二十餘國，行
萬里路。

訪談篇

帝王如糞土　天地一芻蕘
～老子訪問記～

　　時當春秋末葉，我國出現了一位偉大的哲學家——老子。老子姓李名耳，字伯陽，楚國、苦縣、厲鄉、曲仁里人（今安徽省亳州）。據說他出生在一棵李樹下，生下來時耳朵又大又長，還長了滿腮鬍鬚，所以被叫作老子，死後諡曰：「老聃」（就是大耳朵之意）。這個「怪胎」，提出了許多「怪論」，至今讓人費猜疑。人的眼睛明明最喜歡看那賞心悅目的五顏六色，人的耳朵最喜歡聽那爵士、搖滾的熱門音樂，人都好吃，最喜歡嘗那山珍海味的口腹之欲；而這位不識時務的老先生，卻警告人：「五色令人目盲，五音令人耳聾，五味令人口爽……。」連幼稚園的小朋友都知道：「有」跟「無」、「難」跟「易」、「長」跟「短」、「高」跟「下」、「前」跟「後」是相反詞；結果老子偏偏有：「有無相生、難易相成、長短相形、高下相傾、音聲相和、前後相隨」之說。這世界上有哪一個人不嗜名逐利的？又有哪一個人不願享受「成功的果實」；老子卻告訴大家「功成不居，名來不受」是「天之道」也！有誰不巴望生個資優兒，有誰不喜歡在口中說仁道義的？老子卻告訴人要「絕聖棄智」，要「絕

仁棄義」。

　　春秋戰國時代，是我國歷史上學術思想最輝煌發揚的時期，正所謂「諸子蜂起，百家爭鳴，百花齊放」的時代。儒、道、墨、法、雜、名、農、陰陽、縱橫、小說，所謂的九流十家，先歷「秦火」的摧殘，再經漢武帝的「罷黜百家，獨尊儒術」的「利誘」後，各家都身受重創，銷聲匿跡；只有老、莊的道家，如影隨形般的伴著儒家孔、孟，互為表裡，影響著三千年來的中國人。

　　每當太平盛世，士人通過科考，「春風得意，馬蹄輕」，就講儒術，齊家、治國、平天下的大道理；遭逢亂世，身處逆境，丟官失勢之時，改而大談「老、莊」之道，以排解胸中鬱卒。中國知識分子，就這樣自適自嘲地過了阿Q的一生。這麼說來，老子對中國歷史的貢獻，不為不大矣！

　　代表北方魯國的孔孟思想，講人道，著眼於現實、重視人生，立志聖賢豪傑、忠臣烈士，是一種入世之學，多講政治教化，偏重於集體主義；代表南方楚國的老莊思想，講天道，寄託於理想，重視避世，主張清虛自守、無為而治，隱居而求志，是一種出世之學，多講宇宙人生，偏重於個人主義。中國文化就在這兩派截然不同的理念中，相互激盪、相互摩挲之下，逐漸融合成一股浩瀚無比的巨流，成為一個定型的東方文化。

　　欣逢世紀末的今天，老子的唯一著作──《道德經》，正大量地被譯成各種文字。老莊思想能否「迴狂瀾於既倒，

障百川而東流」，讓我們一訪老子李耳先生，便可分曉。

姓名　里籍　家世源流

　　記：老子您好！這一向在哪兒發達？為了訪問閣下，找得我好苦啊！

　　老：我自從那年出函谷關後，到中東、印度、波斯等地去了。

　　記：去幹什麼？

　　老：宣傳我的「老道」啊！

　　記：為什麼不在中國宣道，卻要跑到沙漠蠻荒之地去？

　　老：這叫「道不行……」。

　　記：人家孔子是「道不行，乘桴浮於海」，到日、韓去發展。

　　老：我跟孔丘剛好相反。

　　記：怎麼個相反法？

　　老：仲尼兄山東魯人，是北方學派。

　　記：而您呢？

　　老：我嘛！安徽亳縣，是南方學派。

　　記：其間有何不同？

　　老：北派孔家重理性，說仁義，講人道，強調入世精神。

　　記：您呢？

　　老：我的哲學南派重感性，喜浪漫，講天道，強調避世精神。

記：我總覺得，儒家都從正面闡述人生；而您往往從反面講天道以印證人生，對吧！

老：您愛怎麼講就怎麼講。對我來說：「正就是反，反就是正。」

記：所以不管是得意或不得意（道不行），你們都會向外求發展就是了。

老：因此當孔丘乘桴浮於海時，我就騎著青牛入瀚海——通過沙漠，以達印度、阿富汗

記：就您的「有就是無，無就是有；正就是反，反就是正；東就是西，西就是東」的辯證邏輯，最後還是會回到原點——中國。

老：對！算您聰明，因為地球是圓的。

記：讓我們閒話表過，言歸正傳。為什麼人家叫您老子，而您也自稱老子？這「老子」二字在中國文字裡是十分嚴肅的，它是「爸爸」、「君父」的代名詞，您走在街頭不怕被不良少年「扁」才怪！

老：冤枉啊！我並非自我膨脹，或者存心佔人便宜，因而自稱或被稱為「老子」。

記：那又為了什麼？或是有什麼隱情？

老：我覺得做個人，實在是一種無可奈何的事，俗語說：「知人、知面、不知心。」滿口的仁義道德，一肚子的「男盜女娼」壞水。

記：您怎麼對人生這麼悲觀？

老：您不會去查一查字典，有關「人」的成語：人心不

古、人心叵測、人謀不臧、人面獸心、人言嘖嘖、人言可畏、人海茫茫……。

記：我懂一點了。難怪有個捷克的劇作家卡雷，奇培克（Karel Capek）說過一句話：If dogs could talk, perhaps we'd find it just as hard to get along with them as we do with people.

老：拜託！我知道您閣下留美又留英，明知道我沒讀過ABC，偏在我面前掉書袋講英文。

記：不要急嘛！我翻成中文給您聽就是了。那就是：「假如狗能說話，那麼人與狗之間的關係，或許就會如同人與人之間的關係，並不是那麼的融洽。」

老：就是因為狗不會說話，不懂抱怨，不會訴說人的缺點、弱點；牠不會挑撥是非，牠不會賣友求榮。總之，不會說人話，才是狗的最大幸福。

記：基本上，您是不願意投胎轉世，進入這個紅塵滾滾的世界。

老：所以我一直捱在娘胎裡──那是人類的第一故鄉，達「九九八十一年」之久。

記：By the way！我想請教一下您貴姓？

老：我姓李。

記：那是您父親給您的姓咯！來自隴西堂？還是天水堂？

老：我父親何許人也？我也不知道，事實上我這一生也沒見過他。

記：那您如何得姓的？

老：有一天我媽在一棵李樹下產下了我，所以我就姓李，因此我家堂號，既非隴西堂，亦非天水堂，而是「木子堂」才對！

記：正常懷孕從受精卵著床到分娩約為四十周，正負二周。三十七周前出生的為早產兒，四十三周後出生的為「遲滯分娩兒」。

老：那我是「遲滯分娩兒」，達九九八十一年之久……。

記：您出生時滿臉皺紋，且有鬍鬚，像個小老頭兒，是早產兒……

老：那「九九八十一」如何解釋？

記：九九、八十一，剛好是三個九，二十七周之意。

老：什麼意思？

記：新生兒有「七月生」（二十七周）「八月死」（三十二周）之說。

老：這麼說來我是個早產兒而非遲滯兒了。

記：早產兒非常聰明，遲滯兒則反之；八十一年早成化石了，怎麼可能是個活胎。

老：這我相信！不然我才不會這麼「天才」。

記：因為早產怕養不活，被未婚媽媽丟棄在李樹下；一個八十一歲的老婆婆，把您給撿回去養大了。

老：那就是我媽！好像有點道理。

記：再請教您府上哪兒？

老：楚國、苦縣、厲鄉、曲仁里人。

記：門牌號碼該不會是悽零零號罷！真有這種一連串的地名：苦（縣）、楚（國）、曲（里）、厲（鄉）、「凄零零」（七〇〇）號（哭也），把字典上所有的壞字眼，都變成您府上的戶籍門牌號碼。

老：我真的有夠「衰」啊！

記：這楚國苦縣，在現在什麼地方啊？

老：即今安徽省亳縣。

記：為什麼河南老鄉認定您是河南省鹿邑縣人？

老：我的家鄉厲（音賴）鄉，距河南省鹿邑縣較近，**離**亳縣反而遠些。

記：兩省人士為老子發生爭奪戰，這也是您的光榮啊！

即興之作　流傳千古　名震中外

記：接著讓我們談一談您的名著《道德經》吧！我**覺得**納悶的是：您一向瀟脫、無羈，視帝王之業如糞土，看天**地**之大亦不過一窟窿而已；但您竟然也斤斤計較於世俗所謂的三不朽——尤其是立言；人之患，在好著書立言，可見一斑。

老：冤枉啊！我哪有心像凡夫俗子那樣，拚死拚活，**弄**本著作來糟蹋鉛字；進而驕其妻妾，污染人們的視覺。我是不得已的啊！

記：怎麼說？

老：我原先在周朝王室擔任守藏史，又叫柱下史。

記：這守藏史有多大？為什麼又叫柱下史？

　老：它是一種史官，相當於國家圖書館館長；這個圖書館因位於殿柱的下面（即地下室），所以叫柱下史。

　記：圖書館在地下室？不怕颱風淹水！

　老：當我看到周王朝日益衰敗，個人理想未能實現，決定離開宮廷，騎青牛出函谷關，入瀚海。

　記：您很順利的出了關口？

　老：守關關令尹喜，不讓我過關。

　記：您是現職公務員，持的是「地」字頭護照，出國必須經由教育部申請、入出境管理局的核准，才能放行；像您的情形根本是「擅離職守」，違反「國家總動員法」的。

　老：不過那尹喜還算滿有人情味的！

　記：怎麼個人情味法？

　老：他說：您沒有關牒（出境證），依法是不能過關的！不過，您老一定要通關的話，那可得「另闢途徑」咯！

　記：這「另闢途徑」是啥意思？

　老：這您還不知？枉為現代人。說明白一點，就是要意思！意思！

　記：要「紅包」？

　老：對了！可是我騎著一條青牛，連購馬的錢都沒有，哪有餘錢送紅包。

　記：真是「有錢能使鬼推磨」，有時甚至還「磨推鬼」呢！錢能通「關」，古今皆然！

　老：最後討價還價的結果，由我寫一部書，作為抵帳。

　記：這就是《道德經》，全文也只有五千字而已。

老：更想不到的是，我這一部即興之作，胡言亂語的《道德經》，竟然洛陽紙貴，流傳千古。

「無為無不為」的政治觀

記：大凡哲學家總喜歡厚古薄今，對現世政治都不甚滿意！您呢？

老：我對政治倒沒什麼一定的好惡喜樂，只是為政者，在三呼萬歲，高讚「天縱英明」之餘，無不自覺地飄飄然起來！

記：原來是個蠢蛋，也搖身一變，成為天才了。

老：於是，不配有為，偏要有為；不宜南進，偏要南進；不當戒急，偏要戒急；無法用忍，偏要用忍。鬧得疾賢害能，有為者紛紛下堂求去；相反的，佞幸之徒，有縫就鑽，遇洞灌水，以致人欲橫流，盜賊公行，社會不成社會，國家不成國家。

記：於是股票「滴滴落」，失業連連，人民叫苦連天。

老：反怪別人扯他後腿，不跟他合作。

記：依您看，應該怎麼做才好？

老：不尚賢，使民不爭；不貴難得之貨，使民不為盜；不見可欲，使民心不亂。

記：現在的政府專門鼓舞貪欲妄念，樣樣要台灣第一、亞洲第一，甚而〈金氏記錄〉世界第一；現在的政府專門崇尚名位，動不動要「政務官」，要「博士」，加速了人民妒忌爭逐之心；現在的政府動不動講外匯存底，講股票指數，使

得人心浮動。上焉者，沽名釣譽；下焉者，鋌而走險！

老：那真是世紀末特有的現象，有道是「盲人騎瞎馬，黑夜臨深淵」而不自知。

記：算了！算了！我們不談政治，免得傷感情。

老：萬一引起「高層」電話關切，豈不好看？

記：對！對！我這記者飯，還要吃呢！

老：那麼談談我在物理學上的見解如何？

記：物理學？您有沒有搞錯啊！您那個時候也有物理學，誰相信啊！

相對論與物質不滅定理

老：我不但對物理學有研究，而且還是「相對論」的發現者。

記：相對論的發現者？我懷疑您的腦筋是否「秀逗」。

老：我才不糊塗呢！

記：根據大英百科全書的記載：德國物理學家愛因斯坦（Albert Einstein）斷言物質和能量的相當性；對空間、時間和引力賦予一個完整的新觀念，是為相對論，他還因此得到一九二一年的諾貝爾獎。

老：哦！

記：您的「相對論」在哪兒？

老：在《道德經》第二章：「天下皆知美之為美，斯惡矣；皆知善之為善，斯不善矣！」

記：還有呢？

老：有無相生，難易相成，長短相形，高下相傾，音聲相和，前後相隨（《道德經》第二章）。

記：哇！想不到「相對論」真的是您發現的。可惜那時候還未有諾貝爾獎的設立；否則，非您莫屬了。

老：得獎我不會心動，不得獎我也不會心憾！

記：為什麼？

老：因為得之即失之，失之即得之。我得即人得，人得即我得，在我看來，全是一個樣子。

記：怎麼會有這種邏輯？

老：以前有個荊國人，他失去了他的弓，而不去尋找。

記：為什麼不去找回來？

老：他說「荊人遺之，荊人得之」（《呂氏春秋‧貴公篇》）。意即荊國人掉了弓，荊國人撿到弓。就人的立場來說，固然有一失一得之別；但就弓的觀點，弓還是弓，並未失去它的效用。

記：孔子對這失弓事件如何看法？

老：他說「去其荊可也」。

記：什麼意思？

老：意即「人遺之，人得之」。荊國人失去了弓，就算別國人撿到也沒關係。

記：因為孔子是魯國人，才那麼說。

老：可是我卻認為「遺之，得之」。

記：那張弓如果沒有人撿拾，日曬雨淋之餘，最後變形、腐爛了怎麼辦？

老：經過風吹雨打、蟲蛀蟻蝕之後，分解成養分，融入土中，長出更多、更大的樹，可以製造更大、更好的弓兒。

記：哇！這就是牛頓的「物質不滅定理」。

老：誰說不是呢？

記：您這相對論可否用在教育上？因為養孩子固然是件不得了的事，而教孩子，更是一件了不得的事。

老：教育哲學的最高原則是「處無為之事，行不言之教」（《道德經》第二章）。

記：什麼意思？

老：經師易得，人師難求。為師、為親者務必「以身作則」，方可事半功倍，否則也是徒勞無功的。

記：現在很多的父母，自己不以身作則教育子女，把孩子往學校或安親班一送，便什麼事也不管。

老：那父母都在忙什麼？

記：忙著賺錢咯！忙著給孩子最好的生活！受最好的教育！

老：那是標準的「教育爸爸」與「教育媽媽」。

記：他們要求孩子贏在起跑點上，除了正課、補習外，還要他們學鋼琴、小提琴，學繪畫、書法，學英語、心算、速讀，學跆拳道、柔道……。

老：非把孩子逼死不甘心的樣子。

記：其實這樣的教育，還不如「不教育」的好！

老：對！所以我說：天地滋生萬物，孕育生長，聽其自然，不加干涉，「生而不有，為而不恃，功成弗居！」（《道

德經》第二章）

記：您的意思是父母哺育子女，要像太陽照射大地一樣，有一定的時序、一定的愛護，而不必刻意的去曲加照顧。

老：因為「人法地，地法天，天法道，道法自然」（《道德經》第二十五章），我的中心思想，在於一個「道」字，而道的根源就是自然。

記：因而您的教育理念，深信「美是自然，而自然是美」（Beauty is nature; nature is beauty.）。

老：所以我才說「不教育就是最好的教育」；「過度的教育乃是不教育」。

反帝、反戰、反極權

記：政治學主要研究的課題，乃國家和個人的關係！有所謂「目的論」與「工具論」之說。

老：……。

記：所謂目的論者，認為國家是最後之目的，個人必須為國家犧牲、奉獻。

老：個人變為達成國家目標的工具。

記：反之，個人是目的，國家乃是為達成個人目標的工具。

老：我主張：「小國寡民……甘其食、美其服、安其君、樂其俗，鄰國相望，雞犬之聲相聞，民至老死不相往來。」（《道德經》第八十章）

記：顯然的，您是一位「國家工具說」的奉行者。

老：而且我還反戰，雖有甲兵，無所陳之。

記：您的反戰思想，跟羅素（Bertrand Russell）有異曲同工之效。

老：誰是羅素？

記：他是英國的一位哲學家，他不但反越戰，甚至還反對製造核武。一九五○年還領導群眾發動禁止核武示威運動，因而得諾貝爾文學獎。

老：看來他也是個怪物。

記：他說在核子戰爭與共產主義兩者之中，寧選共產主義。

老：戰爭確實很恐怖。凡是體道而行的政治人物，就不該依恃武力，稱霸天下。每每軍隊駐紮的地方，人民不得耕種，於是荊棘叢生；每次戰爭之後，或因屍體發臭，瘟疫流行，或因土地荒廢，缺糧乏食，凶年隨之而來（《道德經》第三十章）。

記：不過，有人說，沒有國防就沒有國家。

老：一般人講到國防，直覺的只想到軍隊與兵器。其實，廣義的國防應包括：教育、外交、經濟、財政……，無一不是國防的總體表現。

記：您反對軍備競賽？

老：軍備競賽，乃是不祥之兆。硬碰硬，兩敗俱傷，非不得已，萬萬不能用。

記：您認為即使國與國之間，也應該用「軟功」！

老：您知道世間有種至柔卻又至剛的東西嗎？

記：我不知道！柔就柔、剛就剛，這是兩極端，怎麼會有至剛又至柔的東西。

老：「天下莫柔弱於水，而攻堅強者莫之能勝」（《道德經》第七十八章）；「上善弱水，水善利萬物而不爭，處眾人之所惡」（《道德經》第八章）。

記：您的意思是：水至柔，但也至剛，並且把水的哲理，引伸到政治的最高層面。在上位的人，必須如水一般地修善積德；因為水默默地滋養萬物，滋潤著大地，從不與人爭，而心甘情願地處在最卑下的地方，成就了大肚能容的美德，即使是藏污納垢之所亦不辭焉，進而還能滌污除垢，使之新生。

老：水的包容性就和我終生所強調的「道」，很是相近了。

記：現代科技已證明閣下「水至柔也至堅」的理論。「水療」、「水震波」及「水切割」、「水鑽」乃尖端科技，已廣泛地被運用在醫學與工業之上。

老：水就下，固然處於最卑下的地方……。

記：但「水流百步能上牆」，因而用水推磨、用水發電早已司空見慣；至於「水舞」則更是新奇的科技。

主張和平統一

老：國與國之間的交往，也應該學學水的精神。

記：一個大國、強國要如何學習水的精神？

老：大國要像長江大海一樣，愈甘願處於下流，就愈成其所以為大；換句話說，大國若能對小國尊重謙下，就可以取得小國的信服入事。

記：那小國、弱國又如何學習水的精神？

老：小國若能對大國恭順謙下，就可以取得大國的包容並存。

記：這兩種「謙下」又有什麼不同的程度？

老：相較之下，大國尤其應當謙下。因為小國謙下只不過保全自身，而大國謙下，才能使普天下都來歸心依附。

記：噢！我懂了！海峽兩岸關係的錯綜複雜，就是因為兩岸領導人不學「有」術，在政治上翻雲覆雨，各顯神通，自以為天縱英明。

老：怎麼說？

記：一個犯了嚴重的「中原霸權沙文症」，至今不放棄「武力犯台」，堅持「中華人民共和國政府是中國唯一合法的政府」。

老：另一個呢？

記：犯了嚴重的「夜郎自大癡呆症」，堅持「三不政策」，挾美、日帝國主義以自雄，螳臂當車，到處刻意推銷「中華民國在台灣」兩國論的狗皮藥膏。

老：其結果不生靈塗炭才怪！蓋「禍莫大於不知足，咎莫大於欲得」（《道德經》第四十六章）。難道兩位「領導」從不看《道德經》？

記：好了！好了！今天的訪問到此為止，我可不想唱

〈綠島小夜曲〉！

　　老：……。

道可道，非常道；名可名，非常名
〜與老子談《道德經》〜

　　《道德經》雖是老聃先生當年為矇混出國，被海關關員尹喜所逼，罰寫的一部即興之作，內容不但文字重複錯落，而且還黑白顛倒，是非不明，諸如：

　　道可道，非常道；名可名，非常名。——〈第一章〉

　　以其不自生，故能長生。……後其身而身先，外其身而身存。非以其無私耶，故能成其私。——〈第七章〉

　　大道廢，有仁義；智慧出，有大偽；六親不和，有孝慈；國家昏亂，有忠臣。——〈第十八章〉

　　曲則全，枉則直，窪則盈，敝則新，少則得，多則惑。——〈第二十二章〉

　　上德不德，是以有德；下德不失德，是以無德。——〈第三十八章〉

　　爲無爲，事無事，味無味。——〈第六十三章〉

　　知、不知，上；不知、知，下。——〈第七十一章〉

　　夫唯病病，是以不病。聖人不病，以其病病，是以
不病。——〈第七十一章〉

　　這區區五千字的即興之章與應付人情之作，想不到在歷
經二千五百年之後，擁有英、日、法、梵……等十餘種譯
本，注疏論述之作，更多達一千六百餘家，幾幾乎，已成為
二十一世紀以來世界三大暢銷著作之一：
　　（一）基督教聖經：超過二十億本以上。
　　（二）毛澤東語錄：超過十億本以上。
　　（三）道德經：正方興未艾……。
　　現在，讓我們再訪老子李耳老聃先生，談一談他的《道
德經》。

圖版變色・移民出走

　　記：李耳先生，李耳先生，且慢走一步，請為您所著的
《道德經》說清楚、講明白。
　　老：咳！不提也罷，那年騎著青牛出函谷關，企圖闖關
落跑，結果被海關關員抓個正著……。
　　記：您老這麼大的歲數了，幹嘛這麼想不開，搞不好會
丟了老命的……真是老番顛一個。

老：記者先生，你有所不知，我為了我的「第二春」，拚了老命也要移民外國，重新做個自由人。

記：有這麼嚴重嗎？您身為內閣重要閣員之一，不一肩擔負起「政治責任」，還想做政治難民，企圖一走了之。

老：這個國家已經沒有希望了。

記：怎麼會這樣呢？他們不是每天都在高喊「八么洞洞」，明天會更好嗎？

老：自從西周幽王「政權轉移」到東周平王後，國政更不堪聞問，除了黑金掛鉤，金融掏空外，連續六次修憲，成了一部寡頭憲法，不斷的從事政治鬥爭——鬥省長、鬥政黨、鬥黨產、鬥這鬥那的，弄得烏煙瘴氣，再乘機渾水摸魚。

記：簡直是「民不聊生」嘛！

老：所以我趁仲尼兄來訪之際……

記：您指的是「孔子問禮於老子」的這碼子事？

老：不敢掠美，只能說是「學術交流」而已。

記：怎麼說呢？

老：仲尼兄為了修訂「周禮」，特來向我請益；不過我也從他那兒得到新的觀念，做了新決定……。

記：什麼樣的新思維？

老：「危邦不入，亂邦不居；天下有道則現，無道則隱。」(《論語‧泰伯》)這是我們對時局的共同宣言……。

記：有沒有行動綱領？

老：我決定騎青牛出函谷關；仲尼兄決定：「道不行，

乘桴浮於海。」（《論語·公冶長》）流亡日、韓等國。

記：你倆相約而行，結果您老闖關失敗，被罰寫《道德經》以充數；孔子又是如何闖關的？

老：他口口聲聲說要乘坐竹筏，到海上做越南難民，結果只是心動而沒有行動。

記：他始終忘情不了政治，仍然周遊各國，沿門托鉢的企圖討官做！

老：儒道之學，如日月之相望，各處東西，永不相遇。

道之本體

記：您這本書到底寫些什麼東西？這麼神奇、這麼奧妙。

老：《道德經》全文八十一章五千字，上篇〈道經〉三十七章，下篇〈德經〉四十四章。

記：這上篇與下篇有什麼不同？

老：上篇〈道經〉講的是本體論，亦即事理的「當然」；下篇〈德經〉講的是人生論，亦即事理的「所以然」。

記：您這上篇〈道經〉，講的可全是道？

老：是的！您知道什麼是「道」嗎？

記：道就是路也、蹈也、達也。就是我們要行走的路。《論語·陽貨篇》中的「道聽塗說」便是；馬致遠〈秋思〉中的「小橋流水人家，古道西風瘦馬……」中的道。

老：不是！

記：那麼道者，理也。〈中庸〉說：「道也者，不可須
臾離也。」《韓非子・解老》：「道者，萬物之始也。」

老：有那麼一點點。

記：道者，方法也、技藝也。像《論語・里仁》中說：
「不以其道得之，不處也。」

老：您已經「入門」了。

記：道者，主義也。《論語・里仁》：「吾道一以貫之
哉！」《史記・孔子世家》：「吾道非耶？吾何爲於此？」

老：您已經「登堂」了。

記：道是指宇宙運行，人世生生不息的法則。

老：您不但「登堂」，可說已到「入室」地步。孺子可
教也，可以與您談道了。

記：道是如何產生的？在何種情況下產生的？

老：有物混成，先天地生。……吾不知其名，字之曰
道，吾強爲之名，曰大。」（〈第二十五章〉）

記：意即道乃無狀無象，乃天地形成的本始，無以名
之。那麼道在哪裡？

老：道之爲物，惟恍惟惚。……（〈第二十一章〉）

記：這麼說道是無所在，無所不在。難怪莊子說：「在
螻蟻、在稊稗、在瓦甓、在屎溺……。」（《莊子・知北遊》）
那麼，這道又有什麼作用呢？

老：道常無爲而無不爲」〈第三十七章〉；「道生一，
一生二，二生三，三生萬物。……（〈第四十二章〉）。

記：您的意思是：「道是無限的，似有若無，卻又似無

若有？」

老：對了！

記：承您誇獎，對於「道」，說我已登堂入室，其實不瞞您說，我還是不太懂！我相信讀過《道德經》的人，到頭來還是一頭霧水，您可否藉這個機會，對「道」下個定義，讓大家都瞭解一下？

老：道可道，非常道；名可名，非常名。……」（《道德經》第一章）。

記：至於「德」呢？

老：上德不德，是以有德；下德不失德，是以無德。上德無為，而無以為，下德為之，而有以為。」（〈第三十八章〉）。

記：哇！我更迷糊Confusing了！

老：總之，我的哲學本體是有無循環論。

道之居心：三寶

老：要修道的人，在未入門之前，先要遵循三個寶貴的準則，是謂「三寶」……。

記：我聽孟子說過，諸侯有三寶：土地、人民、政事（《孟子·盡心篇》）。〈六韜〉、〈六守〉以農、工、商為三寶。

老：佛教也以佛、法、僧為三寶。

記：那您的三寶呢？

老：我有三寶，持而保之：一曰慈、二曰儉、三曰不敢

為天下先（〈第六十七章〉）；當然，我還以精、氣、神為內
三寶，耳、目、口為外三寶。

　　記：何謂慈？

　　老：以慈母愛子之心，愛天下之人。

　　記：莎士比亞不是說過：弱者，你的名字是女人。

　　老：可是接著又說：「為母者最堅強！」慈母愛子之
心，護之、衛之，慈故能勇，成為天下最勇的人。

　　記：第二寶呢？

　　老：儉。

　　記：何謂儉？

　　老：儉者斂也，收斂己身，以廣天下。由於儉，對物，
則無棄物；對人，則無棄人。儉故能廣。

　　記：那第三寶呢？

　　老：不敢為天下先。

　　記：什麼意思？

　　老：後其身而身先，外其身而身存（〈第七章〉），故能
成為萬民之首長。

　　記：亦即諸葛亮所說：「非澹薄無以明志，非寧靜無以
致遠」的道理（〈諸葛亮誡外生書〉）。

　　老：人說諸葛孔明集儒、道、法于一身，果不我欺。

致虛極・守靜篤

　　老：為道之要：首在「致虛」，其次「守靜」，其三「養
氣」，其四「用柔」，第五「處反」。

記：何為虛？

老：虛即虛無。固然世間一切皆為實有，為萬物之母，然而虛無才是天地之始（〈第一章〉）。

記：有就是有，無就是無，那是截然不同的。您為何說：有無相通，而且還強調「同出而異名」（〈第一章〉）呢？

老：你看過陶土吧？

記：像牛屎一坨！

老：它是「實有」吧！有什麼用途？

記：一無用處。

老：把它揉合拉坯製成器皿，由於中空虛無，才產生器皿的效用，中空愈大，愈虛無，產生更大、更高的效用；同樣的，建造房屋，由於開鑿門窗，房子中空虛無，才能產生效用。

記：說的也是。要是一個房子沒窗沒戶，如何住人？

老：要是房子中塞滿了東西，如何發生住屋的效用？

記：一個現代化的車輪，一定由許多條輻聚合到一個轂中，才能充分的發生車輪的效用。

老：你看過用整塊或用兩、三塊實心板子製成的原始車輪？

記：像古羅馬時代那樣的車輪不但跑不快，而且還容易斷裂。

老：宇宙間萬事萬物，都以「有」為體，以「無」為用。「致虛極，守靜篤」（〈第十六章〉），乃修道之至高工

夫。

無為而為

老：致虛之道，首在「無為」。

記：什麼！無為？那豈不是無能，未免太消極了一點。

老：無為而無不為（〈第三十七章〉）。

記：亦即莊子所謂的「不作」，只是不違反自然去妄作而已。

老：對了！我的「無為」，也是不違反自然去「妄為」而已；同樣的，避免一切違反自然的行為，避免拂逆事物的天性。

記：難怪胡適之進一步的替您闡述：「天道就是無為而無不為。」

老：我分別再以「有為之害」，「無為之益」與「為無為」加以說明，您就懂了。

記：何謂「有為之害」？

老：有為即妄為，妄為必生害！

記：人為何要生妄為之心呢？

老：無非是為了利己；為了利己，不惜害人。

記：其結局是既害人又害己！

老：此乃一般人不明白「歸根復命」的天道，進而貪圖非分，要強用智的結果。

記：一九四九年國府退守台灣，當時島上人口數六百萬。

老：三萬五千平方公里的土地，配上六百萬人口；加上平原、丘陵、高山各佔三分之一的「黃金分割」地形，漁鹽農林的天然資源；外加大陸撤退來台的人才與黃金，足可建設一個比瑞士富足十倍的「寶」島。

記：但老蔣不信邪、不認命，非要跟土地大他三百倍，人口多他六十倍的大陸比高下。

老：雞蛋碰鐵球嘛！如何拚法？

記：「十年生聚、十年教訓」學勾踐復國，獎勵人口增產。

老：如何個增產法？

記：那時節一個二等兵拚死拚活的月薪才新台幣十二元，但是增產丁口一個，即可月領四十元的副食津貼及米、油、鹽的配給。

老：會死得很難看。學者專家們怎不提出忠告呢？有失知識分子應盡的責任。

記：農復會主委蔣夢麟在《中央日報》大聲疾呼：「正視日益迫切的台灣人口問題」。

老：阿打瑪恐固力的獨夫，自以為天縱英明的領袖當然不會理睬他。

記：發動媒體加之圍剿，欲以「動搖國本」的罪名，置之匪諜而甘心。其結果是二十年人口加一番，變成一千二百多萬人。

老：比馬爾薩斯二十五年加一番的預期還驚人，足可破「金氏世界記錄」。

記：到了七〇年代才趕緊喊出：「兩個恰恰好，一個也不少。」企圖亡羊補牢。

老：這下更慘，一則人口爆漲，一則形將成為老人國。

記：有鑑於出生率太低，於是又回頭提倡增產，產第三胎發獎金三萬元，並研議凡四十歲以上未婚者抽單身稅。

老：綠黨輪替後，應該有新觀念、新思維才對！

記：他們在業已支離破碎的「飽」島，進行「綠色執政」，連番的「廢核四」、「排杜邦」、「拒三通」、「絕交流」、「競武備」……，有如沈疴下猛藥，弄得失業連連、哀鴻遍野。

老：又一個妄作妄為的大有為「新政府」，不死得快才怪！

無欲之欲‧不學之學

老：做到上述無為，還要進一步的無欲！

記：《禮記‧禮運》云：「飲食男女，人之大欲存焉！」叫人無欲，豈不欠缺人道。否定了「生活的目的在增進人類全體之生活；生命的意義，在創造宇宙繼起之生命」的人生崇高意義。

老：喜、怒、哀、懼、愛、惡、欲乃人之七情，既為人情，即不能無欲，我一再強調的是要節欲。

記：所以您說：「五色令人目盲，五音令人耳聾，五味令人口爽……」（〈第十二章〉）做一個沒有彩色、沒有聲音、不知味道的人，那多無趣啊！

老：「為無為，事無事，味無味。」(〈第六十三章〉)

記：您的意思是：無為本身就是作為（處世的根本）；無事就是做事（治事的準則）；無味就是最好的味道（待人的態度）；難怪孔子說：「君子之交淡若水。」

老：光是心理上「去欲」還不夠，必也行動上有去欲之術。

記：何謂去欲之術？

老：首先要做到不爭，向水學習。

記：「上善若水，水利萬物而不爭，處眾人之所惡，故幾於道矣」(〈第八章〉)。

老：人類最大的悲哀就是爭名奪利，所以首先要做到不爭名，其次做到不爭利。

記：如何方可不爭名？

老：不尚賢，使民不爭；不貴難得之貨，使民不為盜，不見可欲，使心不亂(〈第三章〉)。

記：進一步的做到「絕聖棄智，民利百倍；絕仁棄義，民復孝慈；絕巧棄利，盜賊無有」(〈第十九章〉)。

老：總之要「見素抱樸，少私寡欲」(〈第十九章〉)就是了。

記：無欲無私，拋名棄利的，那人活在世上幹嗎？生活、生存得毫無誘因。

老：是以聖人欲不欲，不貴難得之貨；學不學，復眾人之所過」(〈第六十四章〉)。

記：您的意思是：他所欲求的就是沒有欲；他所寶貴的

不是財寶，而是天地間自然的大道；身為政治人物，絕不專橫強為，也無所執著，一切循道而行，任其自然。

老：好了！你對於「道」，業已登堂入室；你可以讀《道德經》本文八十一章了。

記：謝謝！

《道德經》

道

經

第 ◇一◇ 章

道、名，無、有，妙、玄

一 原　文

道ㄠ可ㄜˇ道ㄠ，非ㄈㄟ常ㄔㄤˊ道ㄠ；

名ㄇㄧㄥˊ可ㄜˇ名ㄇㄧㄥˊ，非ㄈㄟ常ㄔㄤˊ名ㄇㄧㄥˊ。

無ㄨˊ，名ㄇㄧㄥˊ天ㄊㄧㄢ地ㄉㄧˋ之ㄓ始ㄕˇ；

有ㄧㄡˇ，名ㄇㄧㄥˊ萬ㄨㄢˋ物ㄨˋ之ㄓ母ㄇㄨˇ。

故ㄍㄨˋ常ㄔㄤˊ無ㄨˊ，欲ㄩˋ以ㄧˇ觀ㄍㄨㄢ其ㄑㄧˊ妙ㄇㄧㄠˋ；

常ㄔㄤˊ有ㄧㄡˇ，欲ㄩˋ以ㄧˇ觀ㄍㄨㄢ其ㄑㄧˊ徼ㄐㄧㄠˋ。

此ㄘˇ兩ㄌㄧㄤˇ者ㄓㄜˇ，同ㄊㄨㄥˊ出ㄔㄨ而ㄦˊ異ㄧˋ名ㄇㄧㄥˊ，同ㄊㄨㄥˊ謂ㄨㄟˋ之ㄓ玄ㄒㄩㄢˊ。

玄ㄒㄩㄢˊ之ㄓ又ㄧㄡˋ玄ㄒㄩㄢˊ，眾ㄓㄨㄥˋ妙ㄇㄧㄠˋ之ㄓ門ㄇㄣˊ。

二 注　釋

1.道：第一個道是名詞，第二個道是動詞。

2.名：第一個名是名詞，第二個名是動詞。

3.妙：精微深幽，如奧妙。

4.徼：廣大無邊，如邊徼。

5.玄：幽遠狀，無朕兆，無端倪是謂玄。

6.眾妙之門：不無不有，不色不空；玄之又玄，眾妙之門。

三 語 譯

　　宇宙萬物的根源為何？我們姑且稱之為「道」。這道如果可以說清楚、講明白的話，就不是永恆的道。同樣的，我們把這宇宙萬物的根源定名為道；如果這個命名可以界定清楚的話，這「名」也就不是絕對不變的名了。

　　「無」是宇宙萬物之本始，經過光和力的作用與化學的組合，始生「有」；因而「有」是宇宙萬物之衍生（母）。

　　從「無」可以觀察到宇宙萬物的精微深幽；從「有」可以觀察到宇宙萬物的廣大無邊。

　　「無」與「有」名稱雖然有異，卻出於同源，兩者都極微妙幽遠。我們稱之為玄，玄中之玄，乃是一切道理奧妙之所在。

四 說 明

　　老子苦思宇宙萬物之根源無所得，姑且名之曰「道」。這道也只是個虛無，無法說清楚、講明白，要能說個清楚、

　　講個明白的話，那顯然不是正常、恆久不變的道；同樣的，
老子把它定名為道，這樣的命「名」也是很勉強的。

　　於是，老子只好再造「無」和「有」兩個命題。「無」、
是宇宙萬物之始祖，「有」乃是宇宙萬物之衍生；其實「無」
和「有」乃是一體之兩面，猶如「生」和「死」是人生的一
體兩面一樣。

　　吾人可以從「無」觀察宇宙萬物深奧處；從「有」觀察
宇宙萬物廣袤處。兩者都很玄，玄之又玄是一切道理的必經
之途。總之，「有」和「無」源自於道，是道的兩種表現形
式；道是看不見的名，名是看得見的道；道不離名，名不離
道。

第 二 章
相對、無爲之道

一 原 文

天下皆知美之為美，斯惡已；皆知善之為善，斯不善已。

故有無相生，難易相成，長短相形，高下相傾，音聲相和，前後相隨。

是以聖人處無為之事，行不言之教。萬物作焉而不辭，生而不有，為而不恃，功成而弗居。

夫唯弗居，是以不去。

二）注　釋

1. **斯**：這就。
2. **已**：已經。
3. **相生**：相對而生。
4. **相成**：相對而成。
5. **相形**：相形而較。
6. **相傾**：相對而比。
7. **相和**：相互唱和。
8. **相隨**：互為主從。
9. **辭**：說辭。
10. **恃**：恃負。
11. **居**：佔有。
12. **去**：離去，消滅。

三）語　譯

　　全天下的人，都知道美之所以為美，那麼醜就產生了；同樣的，全世界的人，都知道善之所以為善，那麼惡就產生了。

　　由於「有、無」是相對而生的，「難、易」是相對而成的，「長、短」是相較而成的，「高、下」是相形比較的，「音、聲」是相對唱和的；因此，有道的聖人以「無為」處

事，行「不言」之教。就如同造物主一樣，他始作萬物而不自伐；生養萬物，而不據為己有；推動萬物而不自以為恃負；成就萬物而不居功。正因為他不居功，所以他的成就才能永恆不滅。

（四）說　明

本章分兩段：前段在於闡述自然與人事的相對論；後段說明，合於自然的無為，是無不為，當然刻意的無不為，往往成了無為——沒有作為。

中段以「有無相生，難易相成，長短相形，高下相傾，音聲相和，前後相隨……」的辯證法，說明世間一切現象，都在對立中相調和。

第三章
無爲無欲之道

(一) 原文

不尚賢，使民不爭；不貴難得之貨，使民不爲盜；不見可欲，使民心不亂。

是以聖人之治，虛其心，實其腹，弱其志，強其骨。常使民無知無欲，使夫智者不敢爲也。爲無爲，則無不治。

(二) 注釋

1.尚：崇尚，加高之意；尊大自處曰尚。
2.見：顯現，表現。

3.無智：沒有機巧，不投機取巧之意。

三 語 譯

在上位的人，不特別推崇賢人，人民也就不會為虛名而爭奪；不特別重視難得的財貨，人民也就不會起貪盜之心；在上位的人不顯現貪婪之意，民心就不會動亂。因此，聖人之治天下，往往使人們腦筋清新淡泊，使人民豐衣足食，削弱他們的心志欲望，強壯他們的筋骨。總要使得人民沒有奸巧之智機，沒有自私之欲念，進一步的使自以為聰明的人不敢妄作主張，依照「無為」的原則去做事，那麼也就沒有治理不好的政事。

四 說 明

老子在本章所闡述的無知，無欲，無為……是要消弭貪欲的擴張，配合自然之道行事，萬事不可強求。

在上位者，惟以才智內養，而不以才智施之於民。世間萬惡，皆起自「欲」、「貪」與「爭」；去欲、去貪、去智巧，自然無爭。

抱著「天下者，天下人之天下，非一己之天下」(《呂氏春秋·貴公篇》)(即為無為)，則無不治之天下。

第 四 章
有形、無形之道

(一) 原 文

道沖，而用之或不盈。淵兮似萬物之宗，湛兮似或存。吾不知誰之子，象帝之先。

(二) 注 釋

1. 沖：盅也，一種小圓杯，虛空之意。
2. 盈：盡也。
3. 淵：深奧狀。
4. 宗：源頭。
5. 湛：隱沒；清澈。
6. 象：似乎。

三　語　譯

　　「道」像個小酒盅，空虛而淺顯，但它的作用卻是無窮無盡的。它深奧得像是萬物源頭，隱沒得似無卻有。我不知「道」從何而來？似乎是在天地之先就有了。

四　說　明

　　精妙的道體在視覺上無形的，在聽覺上無聲的，用手觸摸，道是虛空、莫測的；但道之作用：精微處，無形無象，隱微不顯；但博大處，卻又無窮無盡，無所不包。
　　老子以為「無形」之理，乃是「有形」萬物之根本。

第五章
虛無之道

一 原文

天地不仁，以萬物為芻狗；
聖人不仁，以百姓為芻狗。

天地之間，其猶橐籥乎？虛而不屈，動而愈出；多言數窮，不如守中。

二 注釋

1. 仁：親也。
2. 芻狗：以草紮成的狗，用以祭祀，用畢即丟。
3. 猶：好像。
4. 橐籥：古時一種風袋，即今之風箱，充氣、送風用。
5. 數：屢次，往往。

6.**窮**：不見效果，導致敗亡。

三 語 譯

　　天地大公無私，不仁親特一對象，把萬物當成芻狗任憑生息興滅；聖主也應效法天體之道。把百姓當成芻狗，任憑自由發展。

　　天地的作用有如風箱一般，由於它虛空所以作用無窮無盡，愈是鼓動，作用愈大，為政者政令煩苛，反而加速敗亡，不如抱守中道。

四 說 明

　　聖人治民之術必效法天體運行之道，以「無為而無不為」作為最高準繩。

　　為政者「多言」──政令太多，或朝令夕改，國家就要陷入困境，必也效法聖人取法天地，聽任百姓自然發展：盜者抵罪，傷人者刑，殺人者死。無所偏愛某一特定之人──不仁，才對。

　　何謂仁？不仁即是至仁，至仁就是不仁。

第〈六〉章
無窮無盡之道

一 原 文

谷神不死，是謂玄牝。玄牝之門，是謂天地根，綿綿若存，用之不勤。

二 注 釋

1. 谷：水注入谿曰谷，虛無寂靜也。
2. 神：申也，變化莫測也。
3. 谷神：空而無物，虛而有神；無象之實象，不神之元神，是謂谷神；即陰陽化育之神。
4. 玄：陽。
5. 牝：陰。
6. 綿綿：連續不斷狀。

㈢ 語　譯

　　道之虛無寂靜與變幻莫測就如同陰陽之化育萬物；這陰陽的道理就是創造天地之根本，道的作用雖至微至妙；卻是永續不絕，創生萬物，無窮無盡。

㈣ 說　明

　　道之孕育天地萬物，有如陰器之孕育生命一般；它虛空、變化、永不封閉，生機無窮，生生不息。

　　此即說明了：道（太極）生陰陽（兩儀），兩儀生東西南北四象，四象生天、地、水、火、雷、澤、山、風八卦……綿綿不絕。萬物有消有長，道卻無窮無盡。

　　所謂八卦乃：

☰：乾三連，代表天。

☷：坤六離，代表地。

☵：坎中連，代表水。

☲：離中離，代表火。

☳：震仰天，代表雷。

☱：兌上缺，代表澤。

☶：艮覆地，代表山。

☴：巽下缺，代表風。

第 七 章

無我無私之道

一 原文

天長地久。天地所以能長且久者，以其不自生，故能長生。

是以聖人後其身而身先，外其身而身存。非以其無私耶？故能成其私。

二 注釋

1. **不自生**：不自營生，即無為之意。
2. **後其身**：把自身擺在最後。
3. **外其身**：把自身置之度外。
4. **成其私**：成就他自己。

（三）語　譯

　　宇宙天地是永恆無窮的，宇宙天地之所以能永恆無窮，
由於它不刻意的營求自身，所以才能永存不滅；同理，聖主
在治理國家時把自身利益擺在最後，反而搶先得到利益；把
自己的生命置於度外，反而得以保全自身生命。這難道不是
由於他的無私，反而成就了自己的利得嗎？

（四）說　明

　　本章說明「無心」、「無為」之最高境界，在「忘我」、
「無私」之中收到以退為進之實效。

第 〈八〉 章
如水之柔

(一) 原 文

上善若水。水善利萬物而不爭，處眾人之所惡，故幾於道。居善地，心善淵，與善仁，言善信，正善治，事善能，動善時。夫唯不爭，故無尤。

(二) 注 釋

1. 善：德也。
2. 所惡：所不喜歡的地方。
3. 幾：差不多，幾乎。
4. 居：處也。
5. 淵：深淵。

6. 與：施與。

7. 正：政事，政治。

8. 治：治理。

9. 動：行動，動作。

10. 時：合乎時宜，隨著時勢。

11. 尤：怨尤，過失。

三 語 譯

　　在上位的人，其德、其行，必向水學習。

　　水能滋養萬物而不與萬物爭，它常常處在眾人最卑下、最不喜歡的地方，所以水最合於「道」。

　　有道的聖主必須效法水之品德：處於最卑下、最謙虛之地位，存心最忠厚，以仁施與、不求回報，言出必信、有如水之映照，治理政事達至善地步，做事有效率，一切行動、作為合乎時宜。

　　由於不爭，所以與人無怨。

四 說 明

　　水有十德（善）：

　　1. 水擇安靜無事無爭之地：不處眾物之上，甘居卑下；不逆眾物之情，隨物而行，隨器成形。以貞靜自守，以柔順自安，是謂居善地。

2. 水最純真、無心：水無色、無味、無臭，光明涵於內，沈靜表於外。能和萬物之性，能鑑萬物之形，生物之機不可知，化物之妙不可見。水，無心之心、深奧不可測度，是謂心善淵。

3. 水最具仁心：施與萬物而不伐其功，利益萬物而不求其回報。散之為雨露，萬物佩其德澤；流之為江河，以利舟楫；聚之為湖泊，畜養生物；匯之為海洋，無往而不利，故曰與善仁。

4. 水不多言，甚而無言；水無言，卻有信：觀之江海，有揚波鼓浪之聲；聞之溪澗，有瀑布滴瀝之音，此即水之言也。月圓月缺，潮漲汐退，永不失時，水信如是。以觀聖人：時然後發，有物有則，言可遍天下而不疑，信可傳萬世而不惑（放諸四海皆準之，百世以俟聖人而不惑）。

5. 水善於調治萬物：上升化為雨露，下降流為江河。前者德潤萬物，有化化無窮之妙；後者流派遍及，有生生不息之機。聖人之治天下，宜參天地、贊化育、安百姓、和萬物，使天下各盡其道（人能盡其才，地能盡其利），各遂其生（貨能暢其流，物能盡其用）。

6. 水能善其能：水至柔也，卻也至剛。前者澤潤大地，滋生萬物，行舟渡筏；後者水力發電、水刀、水切割、水滴石穿。

7. 水之為物，無形、無狀，往往動之以時。不違天時，不逆人事，可行則行，可止則止，無不動靜自如。正如告子所說：「決諸東則東流，決諸西則西流。」（《孟子‧告子

上》)

8. 水是永生的：它在宇宙間，循環不已，永不消失，真正符合牛頓的物質不滅定律；其他的物質、元素也許永不消失，但質量卻早已滅絕。

9. 水孕育生命：日光、空氣、水和養分，仍維持生物生存的四大基本要素，即以人類而言，可絕食達一個月之久，可隔絕陽光若干時日，卻不能有兩天不喝水的記錄，人體內之代謝、呼吸、排泄、消化、循環等生理運作，均以水為媒介；水更是光合作用的媒介；因而沒有水就沒有生命(物)。

10. 水創造文明：人類生態更以水之有無，作為消長條件：君不見世界七大文明區，均與水有關：(1)兩河流域（底格里斯河與幼發拉底河）；(2)尼羅河流域；(3)印度恆河流域；(4)地中海（愛琴）文化；(5)河洛（黃河、洛水）文化；(6)馬雅文化（墨西哥灣）；(7)印加文化（安德高原湖區）。中國大陸的改革開放無不從「海」（南海、東海、渤海）到「江」（珠江、長江）到「河」（淮河、黃河），再到「湖」（太湖、鄱陽湖、洞庭湖）。美國的精華區，無不在大西洋、太平洋及五大湖區，足為明證。

水因為有滋養萬物、不爭與處卑下三重特性，合乎老子之道，老子進一步藉水闡述以柔克剛的為人、治事、處世的道理。

第九章
道之退守

持而盈之，不如其已；揣而銳之，

不可長保。金玉滿堂，莫之能守；

富貴而驕，自遺其咎。功成身退，

天之道。

1. 持：保持，持有。
2. 盈：滿也。
3. 已：已而，停止之意。
4. 揣：捶也，鍛鍊之意。
5. 銳：使之尖銳。
6. 咎：災也，病也。
7. 遺：留下。

（三）語 譯

處世之道如以器物之承水，若繼續持有必然盈滿傾溢，不如及時停止；就如同物體捶擊得過分尖銳，一定不能長保其鋒芒。即或金玉滿堂，往往不能守藏；富貴而驕，必然自留禍害。凡事功成、身退，方合自然之道。

（四）說 明

老子告誡我們，立身行世，既不可聲勢過盛，也不可鋒芒畢露遭人忌，應當謙卑為懷，功成身退。

天道常貴虛而不貴盈，謙受益滿招損是也。虛者往往有容物之妙，盈者常常有傾失之患。捨得！捨得！凡肯捨者必有得；得失！得失！凡得者必有失。

不貪戀於已得，不逆臆於未失，才能免於患得患失之恐懼。聖人不以名、位、勢、祿之得為得，不以金、寶、財、貨之失為失（即范仲淹的「不以物喜，不以己悲」）；「陶朱之富，韓信之貴」可不鑑哉？

第 ◇十◇ 章

道貴乎自然

一 原文

載*勞*營*乙*魄*冬*抱*幺*一，能*乙*無*乂*離*为*乎*乂*？專*坐*氣*乀*致*坐*柔*又*，能*乙*嬰*乙*兒*儿*乎*乂*？滌*为*除*乂*玄*丁乃*覽*为*，能*乙*無*乂*疵*ち*乎*乂*？愛*历*民*ㄙ*治*坐*國*ㄨ*，能*乙*無*乂*為*乀*乎*乂*？天*云乃*門*ㄇ*開*万*闔*ㄏ*，能*乙*為*乀*雌*ち*乎*乂*？明*ㄇ*白*为*四*ㄙ*達*勿*，能*乙*無*乂*知*坐*乎*乂*？（生*ㄕ*之*坐*、畜*乀*之*坐*，見*ㄐ*〈第*为*五*乂*十*ㄕ*一*一*章*坐*〉）

二 注釋

1. **載**：發語詞當「且」解，如載浮載沈，載欣載奔。
2. **營魄**：營，指精神；魄，指體魄。
3. **一**：道也，「道生一，一生二，二生三，三生萬物。」（見〈第四十二章〉）
4. **抱一**：即抱道也。

5. 專：守也。

6. 玄覽：多見、多聞、多欲、多望。

7. 疵：病也。

8. 天門：即天宮，指耳目口鼻等官感器官。

9. 開闔：啟動。

10. 雌：靜也。

11. 四達：以百姓之心為心，以興利除害為要，以普行教化為本，以慎行薄斂為末。

12. 知：知識。

```
三  語  譯
```

　　在那精神與身體合一狀況下能不離道嗎？在心平氣靜，性情柔和下能像嬰兒一樣的天真自然嗎？在滌除內心欲望雜念下，能不有瑕疵嗎？在愛護人民治理國家，達到無為而化的境地嗎？在動靜循環的大自然中，能柔弱安靜，不爭雄長嗎？在明白通達一切智慧後，能表現出無知無欲嗎？

```
四  說  明
```

　　老子希望把「柔弱」、「無為」、「退守」、「無知」的自然之道，推廣至人事、社會、政治層面上。

　　推動萬世萬物運行發展，而不自我標榜，乃是最高的政治之道（玄德）。

第 十一 章

以有爲體，以無爲用

（一）原 文

三十輻，共一轂，當其無，有車之用。埏埴以爲器，當其無，有器之用。鑿戶牖以爲室，當其無，有室之用。故有之以利，無之以爲用。

（二）注 釋

1. 輻：車輻，輪轂之間的直木。
2. 轂：車輪中心穿軸的部分。
3. 埏：以水和土。
4. 埴：黏土。

（三）語 譯

　　三十支條輻，聚合到一個轂，由於轂的中空能承受軸，才能發揮車的作用；揉合陶土製成器皿，由於中空，才產生器皿的效用；建造房屋、開鑿門窗，由於門窗之虛空才產生居室的效用。因此所有「有」之給人帶來的效用，全靠「無」的作用。

（四）說 明

　　老子通過車、陶器和房屋的構成（造），闡述「有」與「無」的關係。一般人以為車輻、陶土、牆壁等「有」才能夠成車子、陶器和房屋的實有，但若無條輻、陶器的中空部分，以及房屋窗戶的「無」部位，則不能使事物發生作用。

　　本章要旨，在於顯示「以有為體，以無為用」，體用合一，方為大用；有體無用，等於廢物；無體則無以作用。

第十二章
不爲物欲

一 原　文

五色令人目盲；五音令人耳聾；五味令人口爽；馳騁畋獵，令人心發狂；難得之貨，令人行妨。是以聖人爲腹不爲目，故去彼取此。

二 注　釋

1. **馳騁**：騎馬追逐，大步曰馳，直行曰騁。
2. **畋獵**：在田間平野打獵。
3. **行**：行爲，品行。
4. **腹**：樸質無華之物質生活。
5. **目**：聲色犬馬之精神刺激。

三　語　譯

　　五彩繽紛的色彩，使人目眩；震耳欲聾的音響，使人麻木；酸甜苦辣鹹的調味，使人口麻。驅馬競走，追逐獵物，使人心中發狂；稀奇珍寶之物，使人敗行。因此，聖人只求口腹溫飽的樸實，不敢奢求耳目之娛樂，所以寧棄後者而取前者。

四　說　明

　　聲、色、耳、目之娛，足以使人傷身敗德，不如簡樸過日，不為「物役」方是健全的人生。

　　聖人只追求最基本的物質生存條件而捨棄享樂；進一步的追求精神生活的昇華。

　　老子是個唯物主義者？非也！

第十三章
無心無爲

（一）原 文

「寵辱若驚，貴大患若身」。

何謂寵辱若驚？寵為上，辱為下，得之若驚，失之若驚，是謂寵辱若驚。何謂貴大患若身？吾所以有大患者，為吾有身；及吾無身，吾有何患？

故貴以身為天下，若可寄天下；愛以身為天下，若可託天下。

（二）注 釋

1.寵：喜愛，喜好也。

2.辱：承受。

3.貴：看重。

4.下：賤也，不光榮之意。

5.有身：有我。

6.無身：無我。

（三）語 譯 ／／※

「每當『寵』與『辱』上身，都使我驚恐，如同大難臨頭一樣的嚴重。」為何寵辱上身使人驚恐？因為得寵為尊，受辱為悲，當得寵之時，唯恐失之；受辱之時，唯恐丟人，所以說寵辱若驚。

為什麼把大患看得跟生命一樣嚴重？我們之所以感到有大患來臨的感覺，因為「有我」的關係；假如我們忘掉這個「有我」的軀體，那就再也沒有驚恐了。

所以，只有以身為天下、深知自重的人，才可把天下的重任寄託於他；也只有以身為天下、深知自愛的人，才可把天下的重任交付給他。

（四）說 明 ／／※

老子以為以「無心」、「無為」之心，以「毋我」、「毋執」之意去從政，治理天下，才能得完美的結局；換句話說要以「出世」之心情做「入世」之事業，方能徼福免禍，方

能貴身自保、止於至善。

　　即使贏得選舉，執掌政權，亦不可「歸碗捧去」，必也與人分享。其實「佔有」是勞神的、痛苦的；「享有」才是快樂的、無慮的，此即孟子「獨樂樂不如眾樂樂」之義。

第十四章
道之無相、無聲、無形

一　原　文

視之不見，名曰「夷」；聽之不聞，名曰「希」；博之不得，名曰「微」。此三者不可致詰，故混而為一。

其上不皦，其下不昧，繩繩不可名，復歸於無物。是謂無狀之狀，無物之象，是謂惚恍。

迎之不見其首，隨之不見其後。執古之道，以御今之有。能知古始，是謂道紀。

二 注　釋

1. **夷**：平常。
2. **希**：稀也。
3. **微**：匿也，小也。
4. **詰**：問也，致詰；窮究也。
5. **皦**：明亮。
6. **昧**：昏暗。
7. **繩繩**：深遠幽微狀。
8. **惚恍**：即恍惚，喻神智不清狀。
9. **紀**：綱理，規則。

三 語　譯

　　視而不見叫「夷」；聽而不聞叫「希」，摸而不覺叫「微」。「道」混沌成一體，不能用視覺、聽覺與觸覺去窮究的。

　　它的陽面不見光鮮，陰面也不顯得幽暗，難以形容它的幽微深遠，它是無形的狀態，更是無物的形象，成一種恍惚的狀況。

　　迎著它不見其首，隨著它不見其尾。掌握這自古已存在的「道」，用以支配現今的「象」，能夠了解這自古以來就有的道，始可明瞭這道的「軌跡」了。

四 說 明

　　道的本體是看不見、聽不到、摸不到的；它沒有形狀，沒有物象，它只可心領意會，不可言喻體行，這就是「道」的運行規律。

第 十五 章
道之無爲無不爲

古之善爲道者，微妙玄通，深不可識。夫唯不可識，故強爲之容：

豫兮若冬涉川；猶兮若畏四鄰；

儼兮其若客；渙兮若冰之將釋；

敦兮其若樸；曠兮其若谷；渾兮其若濁。

孰能濁以靜之徐清？孰能安以動之徐生？

保此道者不欲盈。夫唯不盈，故能蔽而新成。

二 注　釋

1. 強：勉強。
2. 容：形容。
3. 豫：猶豫謹慎狀。
4. 曠：開放狀。

三 語　譯

　　古時候善於修道的人，細微而又通達，涵蓋「無為」與「無不為」兩極端，到了深不可及的境界，正因為深不可及，一般人無法理解，現在勉強的加以形容。

　　他立身處世十分小心，有如在冬天履冰涉川，唯恐失足；他的言語行止謹慎戒懼，唯恐遭到鄰人非議一般；他的待人治事，莊重拘謹，有如到人家家中作客一樣的正襟危坐；他的誠意正心的修道，有如冰塊融化一樣的掙脫；他的敦厚忠實有如未經雕琢的木材；他內心的寬容大量，有如幽深的山谷一般；他外表溫文渾厚，有如混渾大水之包容一切。

　　誰能在動濁之中，定之以靜，澄之以清；又誰能在靜寂之中，啟而動之，進而饒富生機。

　　能掌握這一切靜、動、清、濁道理的人，他不會自滿，正因為他不自滿，故能推陳出新，去腐更生。

四 說　明

　　修道的方式是內外兼修，身心相成，修道的狀況是無
為、無不為。

　　修道的步驟：

　　1.像冬天涉川履冰似的謹慎。

　　2.像畏四鄰樣的警覺。

　　3.如見大賓樣的嚴肅。

　　4.如春冰化水似的融和。

　　5.如未鑿樸木樣的敦厚。

　　6.如空谷足音樣的開闊。

　　7.如濁水滾滾樣的渾厚。

第 十六 章
致虛守靜、歸根復命

（一）原 文

致虛極，守靜篤，萬物並作，吾以觀復。

夫物芸芸，各復歸其根，歸根曰靜，是謂復命。復命曰常，知常曰明；不知常，妄作凶。

知常容，容乃公，公乃全，全乃天，天乃道，道乃久。沒身不殆。

（二）注 釋

1.致：達到。
2.極：終點，頂點。

3. **篤**：同注2，極端，切確。

4. **作**：原意站立，此處作生長。

5. **觀復**：回頭察看。

6. **復命**：回復本性。

7. **容**：包容。

8. **全**：周全。

9. **天**：大也。

10. **沒身**：終身。

三　語　譯

　　「致極虛，守篤靜」乃是修道的最高工夫，我往復觀察萬物的生長，儘管變化紛紜，最後反觀它們的根本，還是一個「靜」，這靜的本性就是復命（回復本性）。回復本性就是常道，明瞭萬物演進的常道，就叫作明，不了解常道而輕舉妄動，就會生禍端。

　　能夠了解宇宙萬物演變常道的人，就能包容通達；能包容通達的人，就能大公無私；能大公無私的人，就能周全不偏；能周全不偏的人，就能至大無比；能至大無比的人，才能合乎道；能合乎道的人，才能永垂久遠；能永垂久遠的人，才能終身不招致危殆。

（四）說　明

　　本章強調致虛守靜的工夫，才能回復本性，回復本性後才能明，才能容，才能公，才能全，才能大，才能久，才能安。

第 十七 章

無爲而治

（一）原文

太上，下知有之；其次，親而譽之；其次，畏之；其次，侮之。信不足焉，有不信焉。

悠兮其貴言。功成、事遂，百姓皆謂：「我自然」。

（二）注釋

1. 太上：太乃最好的，上是國君。
2. 下：在下之百姓。
3. 信：名詞，指誠信。
4. 不信：形容詞，指不信任。
5. 悠兮：很悠閒的樣子。

6. **貴言**：慎重其言，很少開尊口。

≡ 語　譯

　　最優秀的政治領袖，他行「無為之事，不言之教」，人民各安其生，各順其心，僅僅知道有國君的存在而已；次一等的國君，人民都親他、贊他，說他神采奕奕，說他天縱英明，許他國民革命之父，封他台灣民主之父，台灣之子……；再次一等的國君，以治術御人，以刑罰規範人，使人民畏懼他；再次一等的國君，以陰謀權術來欺騙人，人民都不服他，這種國君，由於本身誠信不足，人民也就不會相信他。因而最優秀的國君，總是那麼悠閒，他很少發號施令，但事情卻一件件的圓滿達成，而老百姓卻不曉得是聖君在運作，還以為原本就會這麼美好的。

四 說　明

　　老子強調「無為而治」。歷來愈是「有為」，愈是治理不好，像秦始皇、王莽、隋煬帝越是有為的皇帝，國祚愈短；愈是「無為」的皇帝像東晉、南宋，晚明的皇帝，國祚愈是長久。

　　所謂的「嚴官府出厚賊」就是這個道理。管理政治總要「有所為有所不為，無所求無所不求」，相互制衡。

第十八章

有仁義，有大僞；
忠孝節義，國破家亡

（一）原文

大ㄉㄚ道ㄉㄠ廢ㄈㄟ，有ㄧㄡ仁ㄖㄣ義ㄧ；智ㄓ慧ㄏㄨㄟ出ㄔㄨ，有ㄧㄡ大ㄉㄚ
僞ㄨㄟ；六ㄌㄧㄡ親ㄑㄧㄣ不ㄅㄨ和ㄏㄜ有ㄧㄡ孝ㄒㄧㄠ慈ㄘ；國ㄍㄨㄛ家ㄐㄧㄚ昏ㄏㄨㄣ亂ㄌㄨㄢ，
有ㄧㄡ忠ㄓㄨㄥ臣ㄔㄣ。

（二）注釋

1. **僞**：奸僞，欺詐也。
2. **六親**：父、母、叔、伯、兄、弟。又云父子、兄弟、夫婦之三綱，乃構成六親。

（三）語譯

　　當大「道」被廢棄時，仁義之德就會出現；當人們產生聰明智慧時，人間方有虛僞；同理，家族中六親不和，才出

現孝慈之人，國家民族陷於混亂之中，愛國忠臣之士才會出現。

⟨四⟩ 說　明

　　老子認為，仁義、禮智、孝慈、忠臣的出現，乃是病態社會回光反照現象。

　　一個正常的社會「各盡所能，各取所需」，不刻意的去講忠、講孝，講仁義、講智慧。

　　行其當行，各循自然，是無為而治；朝令夕改，因時而動，因事而遷，往往「有為」而不治。

第 十九 章

樸實無華，少私寡欲

（一）原文

絕聖棄智，民利百倍；絕仁棄義，民復孝慈；絕巧棄利，盜賊無有。此三者以為文不足。故令有所屬。見素抱樸少私寡欲。

（二）注釋

1. 復：回復。
2. 文：文飾，表象。
3. 屬：依託，寄託。
4. 見：現出。

三 語　譯

　　拋卻了聰明和智慧，人們才有百倍的利益；拋卻了仁道和義理，人們才會回到孝慈之心；拋卻了智巧和利得，盜賊不起。

　　以上「聖智」、「仁義」、「巧利」三項是為文飾，不足為訓，必也使人認知有所從屬──表現樸素的本質，沒有私心欲望。

四 說　明

　　老子崇尚自然之美──展現樸素的本心。

　　去除文飾的假象──聖智、仁義、巧利。見素抱樸、少私寡欲之餘，進入理想社會。

　　民主政治的最大可悲處，即在於「偽裝」；為了選舉，極力作秀、偽裝，騙得選票，就能執政。可是，別忘了「贏得選舉，失去民心」的教訓。

第 二十 章
有所爲，有所不爲

一 原文

絕學無憂。

唯之與阿，相去幾何？

善之與惡，相去何若？

人之所畏，不可不畏，

荒兮其未央哉！

眾人熙熙，如享太牢，如春登台。

我獨泊兮其未兆，如嬰兒之未
孩，儽儽兮若無所歸。

眾人皆有餘，而我獨若遺。我愚
人之心也哉，沌沌兮。俗人昭昭，

我獨昏昏，俗人察察，我獨悶悶。澹兮其若海，飂兮似無所止。眾人皆有以，而我獨頑且鄙。我獨異於人，而貴求食以母。

（二）注　釋

1. 唯：唯唯諾諾，急急回應，順從狀。
2. 阿：通訶。輕慢不屑，漫應，粗率狀。
3. 荒兮：廣大貌。
4. 未央：無邊無涯。
5. 熙熙：快樂狀。
6. 太牢：豐盛的筵席。
7. 春台：美麗的遊樂場。
8. 泊兮：淡泊狀。
9. 兆：徵兆，跡象也。
10. 孩：咳也，古字作孩，小兒笑也。
11. 儽儽兮：累也，疲倦貌。
12. 沌沌兮：惇也，惇厚貌。
13. 澹兮：水搖晃狀。
14. 飂兮：風聲。
15. 母：道也，見第一章「有，名萬物之母」。

三 語 譯

　　不用學習這一知半解的「知識」，免於自尋煩惱。

　　別人對你唯唯諾諾，唯恐奉承不及；別人對你輕漫侮辱，甚而惡言相向，這又有什麼兩樣；同樣的，別人口中所謂的「善」與「惡」可又有什麼不同？全不必放在心上，只求問心無愧而已。但你也不必標新立異，特立獨行，總得和光同塵。世人之荒廢心田，未能修道備德，日趨日遠。

　　眾人之追名逐利，有如赴國宴，有如登春台，正樂不可支；我則淡泊寧靜，有如出生嬰兒之未啼！倦怠得很啊！有如無家可歸狀；眾人都自命非凡，以為盈溢有餘，張狂自是；而我獨無才無德，一無所有狀，我如同愚人一般渾渾噩噩。

　　世人都顯露光芒，聰明外現，我獨守愚昧，收斂視聽；世人都以察察為清明，我獨以悶悶為濁愚。

　　我如海潮一般漂流無涯；我如長風一般過而不止。眾人皆自以為聰明，常有所為而為，而我獨笨拙無能，無所為而為，我卻獨異於人，擇善固執，以道為本，謹守自然之道。

四 說 明

　　世間的道只有一個，吾人抱道自守，重樸厚而不重華飾，自然無往而不利；否則東奔西忙，也不過是庸人自擾而

已。

　　作為一個抱道自守之人，必須甘於寂寞，淡於獨行的生
活形態。

第二十一章

道無所在，無所不在；
道無所有，無所不有

（一）原　文

孔德之容，唯道是從。道之為物，
惟恍惟惚。

惚兮恍兮，其中有象；恍兮惚兮，
其中有物；窈兮冥兮，其中有精；
其精甚真，其中有信。自古及今，
其名不去，以閱眾甫。

吾何以知眾甫之狀哉？　以此。

（二）注　釋

1. 孔：大也。
2. 容：體現也。

3. 窈：深遠狀。

4. 冥：昏暗狀。

5. 閱：檢閱也，即認知。

6. 甫：方始。

三　語　譯

　　大德之人的胸襟，唯道是從，依德而行。

　　「道」這個東西，恍恍惚惚，似有若無，無中卻有。但在恍惚之中，卻有真相，在恍惚之中，卻有實體。好比在深遠無涯、昏暗莫測之中，卻有「精」「氣」存在，這精氣雖是極細微，卻是最具體、最真實的。

　　自古及今，道的名字不能廢去，根據它才能認知萬物的初始。

　　我何以知道萬物的初始即是道，因為「道」原本就是萬物的初始。

四　說　明

　　道是本體，德乃表現。萬物因道而生，道藉萬物而顯現。

　　宇宙間的一切作為，皆依道而行。道則無所在，無所不在；無所有，無所不有。虛虛實實，莫可名狀，似無若有，高深莫測。真可說「無象之象」，「無物之物」。

第二十二章
不爭之爭

一 原 文

「曲則全，枉則直；窪則盈，敝則新；少則得，多則惑。」是以聖人抱一為天下式。

不自見故明，不自是故彰；不自伐，故有功，不自矜，故長。

夫唯不爭，故天下莫能與之爭。

古之所謂「曲則全」者，豈虛言哉，誠全而歸之。

二 注 釋

1.曲：委曲。

2. 枉：彎屈。

3. 窪：低凹處。

4. 敝：破舊狀。

5. 一：道也，蓋「道生一，一生二，二生三，三生萬物」（見〈第四十二章〉）

6. 式：禮敬，模範。

7. 見：表現也。

8. 自伐：自我吹噓。

9. 自矜：自誇。

（三）語　譯

「委曲者反能保全，屈枉者反能伸直，卑下著反能充盈，敝舊者反能新奇，少取者反能多得，多取者反而迷失。」是以聖人抱持著這『一』的原則，作為天下的範式。

不自我表現，便覺高明；不自以為是，才顯得是非分明；不居功，才顯得有功勞；不自誇，才顯得你的出眾。

只有那「不與人爭」的人，世間沒有人能爭得過他。

古人所說：「委曲反能保全」。豈是虛言一句，實在是抱一求道，全而歸之。

（四）說　明

曲與全，枉與直，窪與盈，敝與新，少與得，多與惑，

看似全然相反，實則一體之兩面也。因為曲才顯得全，因為枉才顯得直，因為窪才顯得盈，因為多才顯得迷失……。

凡事要看全體而非執著單面；看裡象而非表象。危機往往是轉機，最筆直、最平坦的馬路，往往出車禍最多，老子不也說過：「禍兮，福之所倚；福兮，禍之所伏。」（《道德經》第五十八章）

成功之訣竅，全在守「道」！

第二十三章
自然無爲

（一）原　文

希言自然。

故飄風不終朝，驟雨不終日。

孰為此者？天地；天地尚不能久，而況於人乎？

故從事於道者：道者同於道，德者同於德，失者同於失。

同於道者，道亦樂得之；同於德者，德亦樂得之；同於失者，失亦樂得之。

信不足，有不信焉。

二 注　釋

1. **希言**：少說話。
2. **失者**：較遜色之人。

三 語　譯

　　少說話是合乎自然的。

　　所以狂風颳不到一個早上，暴雨也下不了整天。

　　是誰使得狂風暴雨？無非是天地。

　　偉大的天地興風作雨，尚不能持久，何況是藐小的個人呢？

　　所以從事於道的人，就應認同於道；從事於德的人，應認同於德；從事於失(道、德)的人，應認同於失的人。能夠這樣，那麼同於道之人，道亦與之同；同於德之人，德亦與之同；同於失之人，失亦與之同。

　　信心不足，才有不信任的事發生。

四 說　明

　　飄風、驟雨，連天地都不能獨斷獨行，何況是人呢？

　　與人相處，總要認同他，否則無法產生信心與信任，凡是的，總要還他一個是；非的，也要還他一個非才對。

　　「政出多門」、「法令多於牛毛」、「朝令夕改」、「拚經濟」、「要走自己的路」……有如狂風暴雨，從未持久。
　　天地不言，天地之道立矣；聖人不言，聖人之道行矣！盡在不言中。

第二十四章

順其自然，按部就班

（一）原文

跂者不立，跨者不行，自見者不明，自是者不彰，自伐者無功，自矜者不長。

其在道也，曰餘食贅行，物或惡之，故有道者不處。

（二）注釋

1. **跂**：企也，踮起腳；腳跟不著地。
2. **跨**：放腳大步而行曰跨。
3. **餘食**：吃飽了再強吃。
4. **贅行**：多餘的行動、行為。

（三）語　譯

　　踮起腳跟，想要站得高一點，反而站不穩；想要兩步併作一步跨步而行，反而快不了；凡是自我表現的反而不能引起他人注意；凡自以為是者，反遭忽視；凡自誇者，就沒有功勞；凡自高自大者，反而不能領袖群倫。

　　以上這些企者、跨者、自見、自是、自伐、自矜、躁進自炫的行為，在修道人看來只是多餘無用的東西，任誰也會厭惡它，有道的人才不會犯這些毛病呢！

（四）說　明

　　本章延伸前章大意，勸人順應自然，遇事謙下、退讓，不可爭勝逞強，不可躁進自炫。

　　若有人刻意表現自我，輕舉妄動，自厭人惡，適得其反。

第二十五章

無極太極之奧

（一）原文

有物混成，先天地生，寂兮寥兮，獨立不改，周行而不殆，可以為天下母。

吾不知其名，字之曰道，強為之名曰大，大曰逝，逝曰遠，遠曰反。

故道大、天大、地大，王亦大。域中有四大；而王居其一焉。

人法地，地法天，天法道，道法自然。

二 注　釋

1. 混成：渾然天成。
2. 寂：無聲、寧靜狀。
3. 寥：空虛、寂寞狀。
4. 殆：疲憊、危險。
5. 逝：行、去之意。
6. 反：回歸原處。
7. 王：人也，上應乎天，下順乎地，中合乎人，是謂王（統三才）。凡能體天道而立王道者，天下統一。
8. 法：法則也，學習也。

三 語　譯

　　有一個渾然一體而成的東西，它先於天地而生，無聲、無形；它超越萬物而不變，獨立運行而不止；它創造天地萬物，是為天下一切的根本。

　　我不知道它的名字，我名之曰道，勉強地再給它起個名叫「大」，廣大無邊乃運行不息，運行不息就無遠弗屆，無遠弗屆最後歸本還原。

　　所以道大、天大、地大，人也大，宇宙中有四大，而人佔有其一。

　　人以地為法則，地以天為法則，天以道為法則，道則以

自然為法則。

(四) 說 明

　　道乃天地萬物之本源。本章說明道之「體」和「用」；道體：獨立而不改；道用：周行而不殆。「道」先天地而生，無形無聲，循環不已，永世不竭，成為天、地、人三才之間的準則。

第 二十六 章

以重御輕，以靜制動

一 原文

重為輕根，靜為躁君。

是以聖人，終日行，不離輜重。

雖有榮觀，燕處超然，奈何萬乘

之主，而以身輕天下，輕則失根，

躁者失君。

二 注釋

1. 根：根源。
2. 君：主宰。
3. 輜重：行李也。
4. 榮觀：榮觀之美。
5. 燕處：安穩貌。

6.超然：坦然。

（三）語 譯

　　穩重是輕巧的基礎，鎮靜是急躁的主宰。所以聖主立身
行道，總不離「重」、「靜」（君子不重則不威，寧靜以致
遠），有如軍隊之遠行不離輜重一般。

　　即便享有繁華之生活，亦不沈溺其中，為什麼一個萬乘
之君，卻行事草率，輕薄天下，要知道輕浮必喪失根本，急
躁必失去主宰。

（四）說 明

　　重能御輕，靜能制動，這是物「理」，也是人「事」之
道。

　　老子告誡在上位的人，既不可為榮華富貴所迷惑，而沾
沾自喜；亦不可恃恃自身知能，輕率將事。必也恃重守己，
方可收以重御輕、以靜制動之效。

第二十七章
道體互用

（一）原文

善行無轍跡；善言無瑕讁；善計
不用籌策，善閉無關鍵而不可
開，善結無繩約而不可解。

是以聖人常善救人，故無棄人；
常善救物，故無棄物，是謂襲明。
故善人者，不善人之師；不善人
者，善人之資。不貴其師，不愛其
資，雖智大迷。

是謂要妙。

二 注　釋

1. 瑕：斑點。
2. 讁：過錯；通謫。
3. 籌策：出計定策，籌、策皆計數之工具。
4. 關：貫也，閂門之橫槓也。
5. 鍵：鎖也。
6. 約：纏束。
7. 襲：因襲，繼承也。
8. 資：借鏡。
9. 要：重大的，深奧的。

三 語　譯

　　善於行路，不留轍痕；善於言談，不留把柄；善於計算，不用籌碼；善於閉門，不用閂鎖，卻使人不能開；善於綑綁，不用繩索，卻使人不能解。

　　因此，聖人善於挽救人（用其長避其短），所以沒有棄人；善於利用萬物，所以沒有棄物。這便是承襲了造物主的智慧。

　　所以善人是不善人的師保；不善人是善人的借鏡（三人行必有我師焉），如果人們不知尊重其師，也不知記取借鏡，那麼雖是大智慧卻是迷惑了。

這是深遠的真理啊！

（四） 說 明

教人明白「道」「體」之互用。因人而異、因勢利導、
因物為用，不可自私用智，妄作聰明，更不可棄人棄物，蓋
天下無不可遺之人，天下亦無不可棄之物；必也人盡其才，
物盡其用。

第二十八章
不爭之德

（一）原文

知其雄，守其雌，為天下谿；為天下谿，常德不離，復歸於嬰兒。

知其白，守其黑，為天下式；為天下式，常德不忒，復歸於無極。

知其榮，守其辱，為天下谷；為天下谷，常德乃足，復歸於樸。

樸散為器，聖人用之，則為官長。

故大制不割。

（二）注釋

1. **雄**：雄強，陽剛，勇力之意。

2. **雌**：雌伏，陰柔，忍讓之意。

3. **谿**：溪谷低下之處。

4. **白**：代表光明，彩色。

5. **黑**：代表幽暗。

6. **式**：模式，軾木也。

7. **忒**：違背。

8. **器**：器物之謂。

9. **割**：割裂。

（三）語 譯

　　我雖知道什麼是雄強，但我自甘雌伏，居於眾人之下；由於甘居低下、與人無爭，因而不離常「德」，回復到單純、無知、無欲狀態，有如嬰孩。

　　我雖知道什麼是光彩，但我卻安於暗昧，甘為眾人的車軾，免於殞越，因而不違常德，回復到無極的真理。

　　我雖知道什麼是榮耀，卻安於屈辱、卑微，甘處天下之卑下處，常德才足，回復到樸的境界。

　　當樸材被破壞，製造成千百種器物，唯有聖人才能設官治理，不使天下分割。

（四）說 明

　　修己治人之道，在於知雄守雌，知白守黑，知榮守辱，

以退為進。

　　世間事理，往往愈爭愈得不到；由於不爭，反而無人與之爭，唾手可得。世之好爭之士，仍不三思斯語？

第二十九章
去甚、去奢、去泰

（一） 原 文

將欲取天下而為之者，吾見其不得已；天下神器，不可為也。為者敗之，執者失之。

凡物或行或隨，或噓或吹，或強或贏，或載或隳。

是以聖人去甚、去奢、去泰。

（二） 注 釋

1. **神器**：天下國家之王位。
2. **執者**：掌握者。
3. **行**：先行。
4. **隨**：後隨。

5. 噓：冷噓。
6. 吹：熱吹。
7. 強：壯也。
8. 羸：弱也。
9. 載：坐於車上。
10. 隳：墜於車下。

（三）語　譯

　　若有人想要取天下，有所專斷妄為的話，我看是達不到目的的。

　　天下神器王位，誰也不能憑一己之力妄為專斷；妄為者失敗，專斷者散失。

　　天下事理，或行、或隨；或噓、或吹；或強、或弱；或載、或墜，都有它一定的道理。

　　所以聖人修心養性，最注重去過分、去奢華、去侈泰。

（四）說　明

　　自然之道，守之則貴，行之則利，絲毫勉強不得。

　　聖人處無為之事，與其費力不討好，反不如去甚、去奢、去泰，順天應人。

第三十章
以道治天下，不以戰制天下

一 原 文

以道佐人主者，不以兵強天下，
其事好還。

師之所處，荊棘生焉，大兵之後，
必有凶年。

故善者果而已，不敢以取強焉，
果而勿矜，果而勿伐，果而勿驕，
果而不得已，果而勿強。

物壯則老，是謂不道，不道早已。

二 注 釋

1.佐：輔佐，幫助。

2. **人主**：國君。

3. **強**：強迫，強制。

4. **還**：還報，報應。

5. **果**：勝，如「殺敵為果」(《左傳》)。

6. **不道**：不合乎大道。

7. **已**：結束，完了。

三 語 譯

以道輔佐君王治理天下者，絕不以暴力宰制天下，「以暴易暴」則循環不已。

凡是軍隊行經之地，抓兵拉夫，百業荒廢，田園盡蕪，荊棘叢生。大軍之後，必有凶年。

善於用兵之人，只求達到戰爭的最高目標——不戰而屈人之兵。不一定非要兵戎相見以逞強。

打了勝仗，不自負，不自誇，不驕傲，即使打勝仗也是不得已之事，不可依賴武力，逞強好戰。

天下道理，物壯則老，盛極必衰，成敗互生，興亡互替，用武力來宰制天下是不合「大道」的，不合大道的事情遲早會消逝會滅亡。

四 說 明

老子的反戰思想。

　　戰爭是「不道」（不合乎道，不道德）的，它會給社會帶來不良後果，即或不得已而應戰──完成戰爭的目標──以戰求和，應立即停火收兵，不可逞武力之強。

　　看美軍在韓戰、在越戰、在兩伊、在阿富汗……的行徑，戰爭販子的報應，屢應不爽。

　　在台海，五十年來不斷的點火，政客們沾沾自喜，無不以馬前卒為榮，老子的傳人，你身在何方？

第三十一章
兵者不祥之器

夫佳兵者不祥之器，物或惡之，
故有道者不處。

是以君子居則貴左，用兵則貴
右。

兵者不祥之器，非君子之器，不
得已而用之，恬淡為上。

勝而不美；而美之者，是樂殺人，
夫樂殺人者，則不可以得志於天
下矣。

吉事尚左，凶事尚右，是以偏將

老子道德經新解讀

軍處左，上將軍處右。

言以喪禮處之，殺人眾多，以悲

哀泣之，戰勝以喪禮處之。

注 釋

1. 佳：美好、銳利。
2. 兵：武器。
3. 物：人、造物主。
4. 處：存在心上。
5. 左：東方。主柔和，生氣勃勃。
6. 右：西方。主蕭瑟，殺氣騰騰。
7. 貴：看重。
8. 恬淡：不要過分。

語 譯

軍事啊，是個不祥的東西，任誰也厭惡它，因而有道的
人，不放在心上。

君主平居以東（左）為貴，以柔用道，以和用德；到了
戰時則以西（右）為主，以詭譎相勝，以變詐為能事。

軍隊這個帶來災害的東西，它不是宅心仁慈、厭惡殺戮

的君主所輕易使用的，萬一不得已用之，也要不過分才好。

就算打了勝仗，也不值得讚美歌頌；當你讚美歌頌打勝仗時，那你就是個好殺人者。凡是好殺人者，不可能得到人民的擁護與歸附。

向來吉慶事以左邊為上，凶喪事以右邊為上。有如偏將軍居左，上將軍處右一般。這是以喪禮看待用兵之道，所以有道的君主，每逢殺人多了就揮淚而哭，就算打了勝仗，也是以喪禮處置之。

四 說 明

與前章同，敘述老子的反戰思想。

聖人之治天下，以道德化天下，不以武力制天下。以道德化天下則謙讓之風行；以武力制天下，則詭詐之險動。

子曰：「焉用佞，禦人以口給，屢憎於人；不知仁，焉用佞？」(《論語·公冶長》)現在有人對內專以吹牛、作秀作為他的政績；對外則以飛彈、戰機、戰艦企圖以軍備競賽嚇唬世人，總有穿幫的一天。

第三十二章
抱樸無為

一 原　文

道常無名、樸，雖小，天下莫能臣也。

侯王若能守之，萬物將自賓，天地相合，以降甘露，民莫之令而自均。

始制有名，名亦既有，夫亦將知止；知止所以不殆。

譬道之在天下，猶川谷之於江海。

二 注　釋

1. **臣**：臣服，駕馭也（被動）。
2. **賓**：賓服（主動）。
3. **制**：制禮作樂，為官作宰，以定尊卑高下。

三 語　譯

　　我們所說的道，常是個無名「樸」（見〈第二十五章〉有物混成⋯⋯寂兮寥兮），雖然它很小，但天下沒有人能駕馭它、使喚它。

　　諸侯君王若能謹守這無名樸的道體，順其自然治理天下，天下萬物沒有不賓服的，就如同天地陰陽相合，民不祈求，自降甘霖。

　　有了政治制度，即有尊卑名分，名分既有了，也要適可而止，知道適可而止，即可避免危殆了。

　　這「道」之於天下，猶如川谷之趨於江海。

四 說　明

　　能守樸，定能天下無敵。

　　有智者可以「知」取；勇者可以「武」使；巧者可以「事」役；力者可以「重」任；貪者可以「財」淫，唯有抱

樸無為，不以「物」累其真，不以「欲」害其神，天下無
敵。
　　道之偉大，猶如江海可容百川。

第三十三章

力、強、富、志、久、壽

（一）原 文

知人者智，自知者明；勝人者有力，自勝者強；知足者富，強行者有志；不失其所者久，死而不亡者壽。

（二）注 釋

1. 所：所在，立場。
2. 亡：消失。

（三）語 譯

能夠知人的人，是為智者；能自知的人是為明。

能戰勝別人的人，是為力者；能戰勝自己的人才是強

者。

　　凡能知足的人，是為富有；能夠堅持己見，力行不怠的
是為志者。

　　不迷失其立場者，就能長久，身死而精神長在，叫作
壽。

（四）說　明 ／／※

　　知彼知己，百戰不殆；不知彼而知己，一勝一負；不知
彼又不知己，每戰必殆！（《孫子兵法・謀攻篇》）。

第 三十四 章

不自以為大

大道汎兮，其可左右：萬物恃之

以生而不辭；功成而不名有；衣

被萬物而不為主。

常無欲，可名於小；萬物歸焉而

不知主，可名於大矣。

是以聖人能成其大也，以其不自

大，故能成其大。

1. 汎：通氾，浮泛。廣大貌。
2. 衣被：衣養。

（三） 語 譯

　　大道像水流一樣，可左可右，可上可下，無所不適，無處不至。世間萬物皆由它而生，它從不推辭；大功告成而不居功，衣養萬物，而從不主宰之。

　　道無欲得，似乎虛無微小；道充滿天地，萬物賴之以生，卻從不主宰之，可以說它浩瀚偉大。

　　聖人之道也彷彿，由於它不自命不凡，不自以為偉大，所以才成其偉大。

（四） 說 明

　　藉水形容道之偉大。水至柔，亦至剛；水至靜，亦至動；水至下，亦至上（水流百步能上牆。寧堵城門，不擋水口眼兒）。

　　水之流動是渾圓的，當其「水扁」時，可以澆花、洗車、滅火……，當其「水橫」時，變成土石流，翻江倒海，禍國殃民。

第三十五章
道之體用

（一）原文

執大象天下往，往而不害，安、平、泰。

樂與餌，過客止。

道之出言淡乎其無味，視之不足見，聽之不足聞，用之不可既。

（二）注釋

1. 象：無象之象，即道。
2. 出言：開口。
3. 既：竭也。

（三） 語　譯

治理天下的人，若能掌握大道，那麼天下無往而不害，
歸順之；進一步近悅遠來，能夠達到安、平、泰的境地。

音樂與美食，往往只能吸引過客落腳；但是道淡而無味
若水，看又看不見，聽也聽不到，然而取之不盡，用之不
竭，天下人趨而歸之。

（四） 說　明

守道的人，其待人處世淡若水，雖不像音樂、美食那樣
吸引來往過客，卻能使人安康、和平、泰順，令人永遠嚮
往。

道無形、無聲、無味，但卻取之不盡，用之不竭，永保
無疆之庥。

第三十六章

以退爲進

（一）原文

將欲歙之，必固張之；將欲弱之，

必固強之；將欲廢之，必固興之；

將欲奪之，必固與之；是謂微明。

柔勝剛，弱勝強。魚不可脫於淵，

國之利器，不可以示人。

（二）注釋

1. 歙：通翕。吸也。
2. 淵：深水處。

（三）語譯

　　為了收斂、聚合它，必先擴張它；為了削弱它，必先縱容、強化它；為了打壓、毀滅它，必先擁護、挺舉它；為了奪取它，必先捨與它，這是「微明」之道（看似隱微不顯，其實已暗藏玄機了）。

　　所以柔弱者往往能戰勝剛強之道，正如游魚不能離開深淵；國家的利器，不可輕易的展示於人的道理。

（四）說明

　　老子以為治國之道，乃在看得深遠，不為表象所炫惑，總要抓穩根本，持守大道、正道，不受人左右，不被人愚弄。

　　本章表達了老子的政治觀與處世觀。

第三十七章

無爲，無不爲

一 原文

道常無為，而無不為。

侯王若能守之，萬物將自化；化而欲作，吾將鎮之以無名之樸。

無名之樸，夫亦將無欲，不欲以靜，天下將自正。

二 注釋

1. 為：作為。
2. 化：化育。
3. 欲：欲望。
4. 正：端正、安定。

（三）語　譯

　　道常在無為之中，顯現出它的作為，治理國家社稷的王侯們若能保有它，萬物在順應自然下各安其分、各順其性的自行化育。

　　在自行化育下，若還有人想要用外力加以催化的話，我將鎮之以「無名之樸」使之減少欲望。

　　能減少私欲，使得天下安靜，天下自然安定。

（四）說　明

　　無名之樸，亦即無為、無欲之道。在上位的人其居心若出於無欲、無為，人民自然會順從，不化而自育。

　　大自然中的太陽、月亮、江河、川谷，它們無為無欲的運行著，但若碰到外力的干預、催化的話，那麼整個世界也就失去了它的秩序。

《道德經》

德

經

第三十八章
道、德、仁、義、禮

一 原文

上德不德，是以有德；下德不失德，是以無德。

上德無為，而無以為；下德為之，而有以為。

上仁為之，而無以為；上義為之，而有以為；上禮為之，而莫之應，則攘臂而扔之。

故失道而後德，失德而後仁，失仁而後義，失義而後禮。

夫禮者，忠信之薄，而亂之首也。

前識者，道之華，而愚之始也。

是以大丈夫處其厚，不居其薄；

處其實，不居其華。故去彼取此。

（二）注 釋

1.上：上者尚也。
2.攘：揎袂出臂曰攘。
3.攘臂：奮臂而起。
4.前識：前知、先知也。
5.華：花也，末流，皮毛。

（三）語 譯

　　上德之人，不刻意表現形式上的德，所以有德了；下德的人，雖守著形式的德，其實他已無德；上德之人無所為而無不為；下德之人，雖刻意有所為，卻是毫無作為。

　　同樣的，上仁之人本乎仁心，發於愛心，無所為而為，是故無所不為；上義之人，有所為而為，有義而為；上禮之人，有所得而為，當得不到善意之回應，就攘臂伸拳以求回報。

　　當社會失去了清靜無為的大道時，只好訴之於德；一旦
失去了德，訴之於仁；失去了仁，只好訴之於義；失去了
義，只好求之於禮。

　　禮的出現，乃是忠信不足，大亂之始。

　　社會上有所謂的先知、先覺者，是一群憑自身有限的智
慧，去臆度未來，那才是道之末、愚之始了。

　　大丈夫立身樸厚（忠信），不尚虛浮（禮文），以守道為
本，不恃私智，所以寧捨後者（智、禮、義），而取前者
（道、德、仁）。

四　說　明

　　道、德、仁、義、禮、智乃老子社會倫理觀的六大要
目。現今世紀末，人們皆以「智」之末流，來營求個人的生
存，人類前途已不堪涉想矣，這也就是孔子所說的：「君子
務本，本立而道生」；老子認道、德方是根本，至於仁義乃
是末流；智則是使用智巧，以求孤擲一注而已。

第三十九章
貴以賤爲本，高以下爲基

一 原 文

昔之得一者：天得一以清，地得一以寧，神得一以靈，谷得一以盈，萬物得一以生，侯王得一以為天下貞。其致之一也。

天無以清，將恐裂；地無以寧，將恐發；神無以靈，將恐歇；谷無以盈，將恐竭；萬物無以生，將恐滅；侯王無以為貞，將恐蹶。

故貴以賤為本，高以下為基；是以侯王自謂孤、寡、不穀，此其以

賤ʲ為ˊ本ˇ耶ˊ，非ㄟ乎ㄏ。

故ㄍ至ㄓ輿ㄩ無ㄨ輿ㄩ，不ㄅ欲ㄩ琭ㄌ琭ㄌ如ㄖ玉ㄩ，珞ㄌ珞ㄌ如ㄖ石ˊ。

注 釋

1. 一：數之道，一者大道之本體也。「道生一，一生二，二生三，三生萬物」（見〈第四十二章〉）。
2. 清：氣之清輕，上升者謂之天。
3. 寧：氣之濁重，下降者謂之地。
4. 貞：正也。
5. 裂：分裂。
6. 發：廢也。
7. 歇：停止運作。
8. 竭：資源用盡。
9. 蹶：倒地不起。
10. 穀：善也，祿也，乏善可陳。
11. 輿：譽也。
12. 琭：同碌。
13. 珞：同落。

（三）語譯

「道」是天地萬物生成的至理，而一是道所生，可以代表道。

宇宙之道，即在掌握「一」。天得一才能清明，地得一才能安寧，神得一才能靈驗，谷得一才能萬流匯集充盈不乏，萬物得一才能生生不息，侯王得一才能正天下。以上都是從一，各得其所。

天若不能保持清明，天就要破裂；地若不能保持安寧，地就要傾塌頹毀；神若不能靈驗，神靈就不能運作了；谷若不能豐盈不乏，就要荒廢枯竭了；萬物若不能生生不息，宇宙恐怕要毀滅生機了；侯王若不能保持顯貴崇高，則會顛仆傾倒。

「貴以賤為本，高以下為基」，因而，治理天下的侯、王、帝、皇，常以孤寡、不善自道，這難道不是以賤為本的道理嗎？不是嗎？

「至譽無譽」，他不望人「琭琭如玉」的稱讚他，也不願「珞珞如石」的毀謗他，因為道本身就是無聲無臭、無譽無毀的。

（四）說明

正道而行，依道而用，侯王不能加我以貴，天下不能鄙

我為賤，名利不有，榮辱不至，生死不渝。

理之始謂一，數之元謂一，一者乃大道之本體。天地之象，得一而成；天地之體，得一而盡；天地之變，得一而變；天地之化，得一而化。

人能得此「一」，處靜恬淡，不偏不倚，進入「道即我身，我身即道」之境界，往往不見有為之跡，用之卻無往而不利也。

第 四十 章

正反，強弱，有無

（一）原文

反者道之動；弱者道之用；天下之物生於有，有生於無。

（二）注釋

1.反：反之內涵有三：

(1)相反相成：

「天下皆知美之為美，斯惡矣；皆知善之為善，斯不善矣！」

（〈第二章〉）

「善人者，不善人之師，不善人者，善人之資。」（〈第二十七章〉）

(2)反向運動：

「曲則全，枉則直，窪則盈，敝則新。」（〈第二十二章〉）

「柔弱勝剛強。」「牝常以靜勝牡。」（〈第三十六章〉）

「兵強則不勝，木強則兵。」（〈第七十六章〉）

(3)循環反覆：

「正復為奇，善復為妖。」(〈第五十八章〉)

「禍兮福之所倚，福兮禍之所伏。」(〈第五十八章〉)

三 語 譯

道的運作，往往是反方向的；因而，柔弱方是道的運用。

天下萬物生於有，有卻生於無。

四 說 明

本章說明，道的本體是奧妙虛無的；道的運行則是反覆循環的。

道是正反更替，強弱互易，有無相生，分久必合，永不息止。

吾人若能知曉此種反覆之理而修之，則可以出有入無，與「道」同其動用。

第四十一章
道之體悟

一 原文

上士聞道，勤而行之；中士聞道，若存若亡；下士聞道，大笑之；不笑，不足以為道。

故建言有之：明道若昧，進道若退，夷道若纇，上德若谷，太白若辱，廣德若不足，建德若偷，質真若渝。

大方無隅，大器晚成，大音希聲，大象無形，道隱無名。

夫唯道，善貸且成。

注　釋

1. **上士**：上智之士，才智之人。
2. **中士**：中等之智，平庸之人。
3. **下士**：下愚之智，愚劣之人。
4. **建言**：有如成語、俗語、諺語。
5. **亡**：無也。
6. **昧**：幽暗，愚闇。
7. **類**：纇也，絲結也。
8. **辱**：屈辱。
9. **偷**：僥薄，不足狀。
10. **渝**：變更。
11. **無隅**：無邊、無角。
12. **晚**：日免曰晚，後遲之意。
13. **貸**：施與。

語　譯

　　上智之士，聞道勤而行之；平庸之士，聞道將信將疑，若有似無；下愚之人聞道大笑；不笑，還不真是道。

　　所以諺語說得好：明道似暗昧之人，進道若退，平坦之道好似崎嶇，上德若谷，太白之德常受屈辱，廣德若不足，健全之德有若不足，質樸之德看似不定。

大方之人反而無邊無角，大器物一定晚成，大的樂章，反而稀聲，最大的形象，往往無形，大道往往隱而無名。

只有道，善於施與，使之成就。

（四）說　明

本章從「上士」、「中士」、「下士」三種人的感受，說明道之不易知、不易行。唯有各人深知體悟，才能體會道之真理，如人飲水冷暖自知，外人無從告知。

根深才智之士，聞道而潛思力行，修身養慧；中根平庸之人聞道之後，心不果決，志不堅固；淺根愚劣之人，信道不篤，自暴自棄。

第四十二章
滿招損，謙受益

一 原文

道生一，一生二，二生三，三生萬物。

萬物負陰而抱陽，沖氣以為和。

人之所惡，唯孤、寡、不穀，而王公以為稱。

故物或損之而益，或益之而損。

人之所教，我亦教之，強梁者，不得其死，吾將以為教父。

二 注釋

1. **負**：負之以背。

2. **抱**：抱之以胸。

3. **觳**：聚也，亦作觳，夠也。

4. **強梁**：強而有力者。

5. **教父**：生則稱母，教則稱父。

三 語　譯

道就是一，一生二，二生三，三生萬物。

· 萬物都是負陰而抱陽，在陰陽兩氣調和中生長萬物。

人們所厭惡的就是「孤」、「寡」、「不善」三樣東西，而王公貴人卻以此自謙。

所以，萬物有時因損而受益，有時因益而受損，不一而足。

· 因而是損是益，並非絕對的，古人以這道理來暗示我，我亦以此禮教化後人。

逞強、好勇、鬥狠的人，一定不得善終，這句話可以作為我的教父良母。

四 說　明

太極生兩儀（陰、陽），兩儀生四象（東、西、南、北），四象生八卦（乾、兌、離、震、巽、坎、艮、坤）八卦定凶吉。

本章經義，在教人致和之義。和者，天地之元氣，得此

元氣，天地自位，萬物自育，大道在望；如若不然，強果乃死之道也。

第四十三章
柔弱無爲之效

(一) 原 文

天下之至柔，馳騁天下之至堅；無有入無間。

吾是以知無爲之有益。

「不言之教，無爲之益」，天下希及之。

(二) 注 釋

1. 馳騁：駕馭操控。
2. 希：稀少也。
3. 及之：知及。

（三） 語 譯

　　水是天下最柔弱的東西，卻能在最堅硬的東西往來穿梭，它能以「無有」之柔，進入「無間」之強，所以我才知道「無為」的效益。

　　「不言之教，無為之益」的道理，世間很少人知道的了。

（四） 說 明

　　空氣、水乃是無形的東西，愈是無形的東西，所產生的力量愈大，君不見水滴石穿，風吹樹拔，很少人能懂得這個道理的。

　　政治上的無為，可比喻水之至柔，足以馳騁天下。

第四十四章

知足不辱，知止不殆

一 原　文

名￥與￥身￥孰￥親￥？　身￥與￥貨￥孰￥多￥？　得￥與￥
亡￥孰￥病￥？

是￥故￥甚￥愛￥必￥大￥費￥，多￥藏￥必￥厚￥亡￥，
知￥足￥不￥辱￥，知￥止￥不￥殆￥，可￥以￥長￥久￥。

二 注　釋

1. 孰：哪一個。
2. 病：損失。
3. 甚：過分。
4. 多：過分。
5. 費：損耗，損傷。
6. 殆：危殆。
7. 亡：亡失。

三　語　譯

　　身外之名與自身生命哪一樣較親？自身的生存與身外財貨，哪一個重要？世俗名利的得與失，哪一個才是真正的損失？因此過分的吝惜，必然帶來更多的破費；豐厚的貯藏，必然招致嚴重的損失。

　　知道滿足，才不會遭到屈辱；知道適可而止，才不會碰到危險，而且可以長久安全。

四　說　明

　　世人都曉神仙好，唯有功名忘不了。
　　古今將相在何方？荒塚一堆草沒了！
　　世人都曉神仙好，只有金銀忘不了。
　　終朝只恨聚無多，及到多時眼閉了！
　　世人都曉神仙好，只有嬌妻忘不了。
　　君生日日說恩情，君死又隨人去了！
　　世人都曉神仙好，只有兒孫忘不了。
　　癡心父母古來多，孝順子孫誰見了！（曹雪芹〈好了歌〉）
　　名利親情，男歡女愛，可以思過半矣！

第 四十五 章

以清靜爲體，以正大爲用

(一) 原 文

大成若缺，其用不弊；大盈若沖，

其用不窮；大直若屈，大巧若拙，

大辯若訥。

躁勝寒，靜勝熱，清靜爲天下正。

(二) 注 釋

1. 成：完美也。
2. 弊：敝也，窮盡。
3. 沖：盅也，中空。
4. 躁：急走。

三）語　譯　∥※

　　即使天下最完美的東西，都好似有缺陷，但無損其效
用；即使天下最充實的東西，都好像虛空似的，但其內涵並
不空虛，永無窮盡。

　　即使最正直的人，有時也須委曲求全；最有巧思的，有
時也須笨拙從事，最能巧辯的，有時也會顯得木訥難言。

　　疾走能戰勝寒冷，清靜能克服暑熱，因而清靜無為，才
是天下的正道真理。

四）說　明　∥※

　　世間原非美滿而無缺之事。蓋大成有缺，大盈有盅，大
直有屈，大巧有拙，大辯有訥。能善體此一缺陷之美，用以
立身，則精光內斂；用以接物，則物來順應；用以治國平天
下，則人、物各得其所，無往而不利焉。

　　以清靜為體，以正大為用，可久可長。

第四十六章

知足之足

（一）原文

天下有道，卻走馬以糞；天下無
道，戎馬生於郊。罪莫大於可欲；
禍莫大於不知足；咎莫大於欲
得。故知足之足，常足矣。

（二）注釋

1. 走馬：戰馬。
2. 糞：灌溉，耕種。
3. 戎馬：戰馬，配備戎裝之騎。

（三）語譯

　　當國家政治上軌道時，還戰馬於農田，以從事於耕種；

當國家政治不上軌道時，連懷孕之母馬，都在邊界戰火中生產。

一切的災禍莫不出於不知足，一切的罪過莫大於貪得。

所以，「知足」是一種滿足，才是永久的滿足。

（四）說　明

士君子要認得真，看得透，不貪求身外之物。不妄求，終日有餘；不妄得，無時不足。

貪欲引起戰爭，戰爭導致亡國滅種。此章闡述老子的反戰主張。

當天下無道時，購買預警戰機、二代艦、紀德艦、愛國者飛彈……，又有什麼用？

第四十七章
守道知本

（一）原文

不出戶，知天下，不窺牖，見天道；其出彌遠，其知彌少。是以聖人，不行而知，不見而名，不為而成。

（二）注釋

1. 牖：窗。
2. 彌：越。

（三）語譯

足不出戶就能知天下大事，不探窗外就能知天道。一般的人，走得愈遠，知道的愈少，所以真知灼見的聖主，不行

而知，不自視，而有名望，不去親身作為，就能成功。

（四）說　明

　　盡己之性，即可盡人之性；盡人之性，未有不盡物之性，三者既盡，萬物之性成矣；萬物之性成，聖人之性亦成。

　　老子強調內省功夫的重要，得道者可以無為，無不為。

第 四十八 章

損益之道

一 原 文

為學日益，為道日損，損之又損，

以至於無為。

無為而無不為矣。

故取天下，常以無事；及其有事，

不足以取天下。

二 注 釋

1. 為學：做學問。

2. 日益：日漸增多。

3. 取天下：治理天下。

三 語 譯

做學問貴乎累積，要一天比一天增進；修道理，貴乎減私欲，要一天比一天減少，總要減到無為的地步。

到了無為而無所不為的境界，就能治理天下；要刻意的有所作為，那就不足以取天下了。

四 說 明

立身以力學為先，以讀書為本，日有進益，故曰為學日益；修道以去欲為先，以去妄為本，日有去除，故曰為道日損。

為學如逆水行舟，不進則退，不達登峰造極之巔不休；修道必也損之又損，以至於無為的地步。

案老子的辯證理論：無為的結果往往是有為；而有為的下場往往是無為，因而，日益就是日損，日損就是日益，常於益中求損，損中求益。

人欲之私不去，則學問之功不純；名利之心不除，則大道之理不得。

第四十九章
仁民愛物之道

（一） 原　文

聖人無常心，以百姓心為心。

善者吾善之，不善者吾亦善之，
德善矣；信者吾信之，不信者吾
亦信之，德信矣。

聖人在天下，歙歙焉；為天下，渾
其心，百姓皆注其耳目，聖人皆
孩之。

（二） 注　釋

1. 德：得也。

2. 歙歙：收斂狀。

3. 為：治理。

4. 孩：呵護。

三 語 譯

聖人沒有他固有的心思，他以百姓的心思為心思。

良善之人，我固然善待他，不良善的人，我也一樣的善待他，成了良善的風俗；誠實的人，我對他信任，即便不誠實的人，我也對他信任，這樣就養成了信任的風氣。

聖主治理天下，不誇張施為，不騷擾造作，使天下人心歸於渾厚、樸實，感召、教化百姓的視聽，使之潛移默化。聖主之看顧百姓，有如嬰兒一樣的呵護著他們。

四 說 明

聖人無常心，普愛大眾，故無棄人；普愛萬物，故無棄物。

第 五十 章
不以七情亂志，不以六欲害心

一 原文

出生入死。

生之徒，十有三，死之徒，十有三。民之生，動之死地，亦有三，夫何故，以其生生之厚。

蓋聞，善攝生者，陸行不遇兕虎，入軍不被甲兵。

兕無所投其角，虎無所措其爪，兵無所容其刃。夫何故，以其無死地。

〔二〕注　釋

1. 徒：人也。
2. 兕：似牛，即犀牛。

〔三〕語　譯

　　人生在世，從生到死，其中長壽善終者，佔十分之三；中途夭折短命的，也佔十分之三；在求生的過程中，觸動死亡之機者，更佔十分之三。

　　為什麼會這樣呢？過分養生，過分攝生，因而危及生命者比比皆是。

　　聽聞善於養生之人：在陸上行走避開牛虎，在亂世避開甲兵。避開牛虎免於被牛角、虎爪所觸及；避開甲兵，免於受刀槍之害。何故？絕不自覓死路之故。

〔四〕說　明

　　趨吉避凶，不過分貪求情欲，乃自然養生之道，可保百年之身。

　　「莫生莫死，莫虛莫盈，是謂真人。」（《淮南子·本經訓》）

　　「台灣」這個亞細亞孤兒，「台灣」這隻肥碩的經濟小

綿羊，在美、日帝國主義的撩撥「每天都異想天開的捋大陸
的虎鬚，牴祖國的犀牛角。

　　老而不死的老番頭，活得不耐煩，可以咬舌自盡，不要
煽動全台灣的人民，「與汝偕亡」啊！

第五十一章
道、德、物、勢

一 原文

道生之，德畜之；物形之，勢成之。是以萬物，莫不尊道而貴德。道之尊，德之貴；夫莫之命，而常自然。

故道生之，德畜之，長之、育之、亭之、毒之、養之、覆之。

生而不有，為而不恃，長而不宰，是謂玄德。

二 注釋

1. 生之：創造，生化。

　2. **畜之**：畜養，包容。

　3. **形之**：成形之。

　4. **勢**：外在環境。

　5. **成之**：成就了他。

　6. **亭之**：定也。

　7. **毒之**：安也，治也。

　8. **亭毒之**：化育之。

　9. **覆之**：覆蓋，保護之意。

10. **玄德**：深而不可測之德。

（三） 語　譯

　「道」使萬物生長，「德」使萬物滋蕃，「物」使之成形，「勢」使之運作；所以萬物莫不追根溯源於尊道貴德。

　道之所以尊，德之所以貴，並非有人強制命令，而是順乎自然形成的。

　就因為道生之，德畜之，生長之，化育之，養護之；但生而不佔有它，作育它而不自恃其功，成長它而不去主宰它，這叫作玄德。

（四） 說　明

　萬物生而後畜，畜而後形，形而後成。

　此皆道生、德育，而不居功，是謂天德。

第 五十二 章

得本以知末

（一）原　文

天下有始，以為天下母；既得其母，以知其子，既知其子，復守其母，沒身不殆。

塞其兌，閉其門，終身不勤；開其兌，濟其事，終身不救。見小曰明，守柔曰強。用其光，復歸其明，無遺身殃，是謂襲常。

（二）注　釋

1.母：本也。

2.子：末也。

3. 兌：口也。

4. 不勤：安逸也。

三 語 譯

　　天下一切事物都有它的源頭，這源頭乃一切事物的根本，既已得到萬物的根本──母，就能掌握萬物──子。

　　既已認識萬物，又能堅守萬物的根本，那麼終身就沒有危險了。堵住知識的穴竅，關閉聰明的大門，終身受用不盡；打開知識的穴竅，達成知識的事業，終身不可救藥。

　　能體察細微，才是「明」，能保持柔弱，才是「強」；運用智慧之光，來返照本體內身的明，不迷失、不妄為，就不會為自身帶來災殃，即可習以為常了。

四 說 明

　　母者天地萬物之所由生，此母乃大道也。

　　守母生子，守明用光乃執本御末之道。

第五十三章

不可喪本求末，不可內虛外炫

（一）原文

使ㄕ我ㄜ介ㄐㄧㄝ然ㄖㄢ有ㄧㄡ知ㄓ，行ㄒㄧㄥ於ㄩ大ㄉㄚ道ㄉㄠ，唯ㄨㄟ施ㄕ是ㄕ畏ㄨㄟ，大ㄉㄚ道ㄉㄠ甚ㄕㄣ夷ㄧ，而ㄦ民ㄇㄧㄣ好ㄏㄠ徑ㄐㄧㄥ。

朝ㄔㄠ甚ㄕㄣ除ㄔㄨ，田ㄊㄧㄢ甚ㄕㄣ蕪ㄨ，倉ㄘㄤ甚ㄕㄣ虛ㄒㄩ。

服ㄈㄨ文ㄨㄣ綵ㄘㄞ，帶ㄉㄞ利ㄌㄧ劍ㄐㄧㄢ，厭ㄧㄢ飲ㄧㄣ食ㄕ，財ㄘㄞ貨ㄏㄨㄛ有ㄧㄡ餘ㄩ，是ㄕ謂ㄨㄟ盜ㄉㄠ夸ㄎㄨㄚ，非ㄈㄟ道ㄉㄠ也ㄧㄝ哉ㄗㄞ。

（二）注釋

1. 介：微小，一點點狀。
2. 施：迤也，邪行。
3. 夷：平坦。
4. 徑：小徑。
5. 除：治理。

6. 厭：通饜，飽足也。
7. 夸：大也，即頭頭。

三 語 譯

　　假若我稍有一點智慧，行走於大道之上，最怕走入邪路歧途。大道雖然平坦，但一般人偏喜歡走邪徑小路。

　　宮殿十分富麗，但農村很荒蕪，倉庫十分空虛，卻又穿著文綵的衣服、佩帶利劍、吃著精美飲食、佔有多餘的財富，這簡直是強盜頭子，實在不是我所說的道啊！

四 說 明

　　天地以無為之大道，生育萬物；聖人亦以無為之大道，治國安民。

　　應當「以正治國，以無事取天下」（見〈第五十七章〉）。不可因王事妨百姓之農事，不可走邪路捷徑，不可節外生枝，妄生「有為」之心，做出「有為」之事，致生「有為」之害。

第五十四章
治國、平天下之本在於修身

一 原文

善建者不拔，善抱者不脫，子孫以祭祀不輟。

修之於身，其德乃真；修之於家，其德乃餘；修之於鄉，其德乃長；修之於國，其德乃豐；修之於天下，其德乃普。

故以身觀身，以家觀家，以鄉觀鄉，以國觀國，以天下觀天下，吾何以知天下之然哉，以此。

二 注　釋

1. 善建：建立。
2. 抱：抱持。

三 語　譯

　　善於在內心立德之人，非外在力量所能拔除；善於在本性中守道之人，亦非外在影響所能剝除；若能以道德教導子孫，則世代享受血食之福。

　　這立德守道的修養，能行之於自身，此德乃純真的；若能行之於一家，此德是有餘的；若能行之於一鄉，此德乃長久的；若能行之於一國，此德乃豐潤的；若能行之於天下，此德乃普及偉大的。

　　以我之身觀人之身，以我之鄉觀人之鄉，以我之邦觀人之邦，以現今的天下觀過去的天下。以此類推，可以預知未來天下。

四 說　明

　　「修之於身，其德乃真。」捨自身修養工夫，而空言建德抱道，不是善建善抱，無異於無的放矢。

　　此章主旨與儒家「格物、致知、誠意、正心、修身、齊

家、治國、平天下」(《大學》)的政治哲學不謀而合。

　　「儒黨」治國的三綱領：

　　1. 在明明德——獨善其身（近程目標）。

　　2. 在親親、在新民——推己及人（中程目標）。

　　3. 止於至善——兼善天下（遠程目標）。

第五十五章
赤子含德之心

（一）原文

含德之厚，比於赤子。

毒蟲不螫，猛獸不據，攫鳥不博。

骨弱筋柔而握固。

未知牝牡之合，而朘作，精之至也。

終日號而益不嗄，和之至也。

知和曰常，知常曰明，益生曰祥，心使氣曰強。

物壯則老，是謂不道，不道早已。

（二）注　釋

1. 赤子：天真無邪之嬰兒。
2. 攫：有利爪，撲取曰攫取。
3. 俊：朘，高高的舉起。
4. 使：支配。
5. 已：完了。

（三）語　譯

含德深厚的人，有如赤子嬰兒般的天真無邪，與人無爭，與物無害；故而，毒蛇害蟲不會傷他；猛獸野狼不會吃他；禿鷹凶鳥不會抓他。

他的筋骨很柔軟，小拳頭卻握得很緊；他不知男貪女歡之事，小生殖器卻時常勃起，這是他精氣足的緣故，他整天啼哭，喉嚨卻不會沙啞，這是他元氣純和的緣故。

能保住這種純和之氣，叫「常」；能經常秉持常道，自我省察，叫作「明」。

讓生活富裕滿足，常有災殃，以心欲支配精氣謂之逞強，追求壯大之後，必然走向衰老，這就不合於道，凡不合乎自然之道，不久就衰亡。

（四）　說　明

　　老子一談到修養工夫，往往拿嬰兒作比喻。嬰兒最自
然，飽則喜，濕則叫，餓則哭，困則睡。

　　道全德備的「至人」，要向赤子嬰兒看齊。

第五十六章

立身處世之道

一　原　文

知者不言，言者不知。

塞其兌，閉其門，挫其銳，解其
紛，和其光，同其塵，是謂玄同。
故不可得而親，不可得而疏，不
可得而利，不可得而害，不可得
而貴，不可得而賤，故為天下貴。

二　注　釋

1. 兌：穴竅。液體從一器中注入他器曰兌，兌口。
2. 銳：銳利。
3. 紛：紛爭，糾紛。
4. 光：光芒。

5. **塵**：塵土，塵垢。

6. **玄同**：道德很高的人。

三 語 譯

大凡知者不輕言，輕言者不智。

阻塞住知識的訣竅，關閉聰明的大門，不露鋒芒，化解內心紛擾，和諧光耀，混同塵俗，這就叫作「玄同」。

玄同的人無法與之親狎，無法與之疏遠，無法利用他，無法使他受害，無法使之高貴，無法賤視他，因而被天下人所敬重。

四 說 明

世人只緣認得「我」字太真，故多種種嗜好，種種煩惱。前人云：「不復知有我，安知物為貴。」又云：「知身不是我，煩惱更何侵。」

不以物喜，不以己悲。不可乘喜而輕諾；不可因愧而生嗔；不可乘快而多事；不可因倦而鮮終。

第五十七章
以無事取天下

一 原文

以正治國，以奇用兵，以無事取天下。

吾何以知其然哉？

以此，天下多忌諱，而民彌貧；民多利器，國家滋昏；人多技巧，奇物滋起；法令滋彰，盜賊多有。

故聖人云：我無為而民自化，我好靜而民自正，我無事則民自富，我無欲而民自樸。

〓　注　釋

1. **正**：正道。
2. **忌諱**：禁令、禁足。
3. **以此**：用這個事實。
4. **奇物**：言淫巧奇異之物。

〓　語　譯

　　以正道治國，以奇襲出兵，以無為治理天下。

　　我為什麼知道這個道理呢？我從以下的事實來證明！

　　皇上禁令愈多，百姓愈陷於貧窮；當政的使用權術愈多，國家愈陷於昏亂；人們的技巧愈多，淫巧奇異反常的事愈多；法令愈分明詳盡，盜竊亂賊反而愈多。

　　所以，聖人有云：「我若無為而治，人民自然受到感召教化；我若安靜不擾民，人民自然端莊誠正；我若不騷擾多事，干預人民生活，人民自然富足有餘，我若不貪欲自私，人民自然樸素無華。」

四　說　明

　　用兵在於尚奇，所謂「兵不厭詐」，只求一時間的勝負興亡；治理國家則是永久的事業，不在於一時間的得失毀

譽。同樣的，選舉是一時的，在於奇；政治是永久的，在於平實。在上位的人，能「無為」、「好靜」、「無事」、「無欲」，人民才能「自化」、「自正」、「自富」、「自樸」。

第五十八章
中正之道

一 原 文

其政悶悶，其民醇醇；其政察察，
其民缺缺。

禍兮福所倚，福兮禍所伏，孰知
其極，其無正邪。正復為奇，善復
為妖。民之迷，其日固已久矣。
是以聖人方而不割，廉而不貴，
直而不肆，光而不耀。

二 注 釋

1. **悶悶**：渾樸寬厚狀。
2. **醇醇**：純厚狀。
3. **察察**：精明狀。

4. **缺缺**：澆薄狀。

5. **極**：究竟，底線。

6. **貴**：通劌，割傷也。

7. **肆**：放肆。

（三）語 譯

　　為政寬厚渾樸，有若混濁不清，人民純厚忠誠；為政者精明嚴苛，似乎無所不察，民心澆薄，離心離德。

　　所以啊！災禍的內裡隱藏著幸福，幸福的下層也往往潛伏著災禍，誰會知道他的究竟呢？難道沒有絕對的標準嗎？

　　正的可以演變成反的，善的可能變成惡的，正正反反的，人們已被它迷惑了很久了。

　　因此聖人的處世治事，方正得不至於割人，廉潔得不會去傷人，正直得不會峻酷嚴刻，展現光芒而不致耀眼。

（四）說 明

　　本章內容分三段：

　　1. 孔子說：「導之以政，齊之以刑，民免而無恥；導之以德，齊之以禮，有恥且格。」（《論語·為政》），人民之淳樸與刁鑽與否，全看為政者。

　　2. 世界福禍本相倚伏，循環轉化不已。

　　3. 聖人執守中道：守柔、處下。

第五十九章
順天應人莫如嗇

（一）原 文

治人事天，莫如嗇。

夫唯嗇，是以早復；早復，謂之重積德；重積德，則無不克；無不克，則莫知其極；莫知其極，可以有國；有國之母，可以長久。

是謂深根固柢，長生久視之道。

（二）注 釋

1. 嗇：慳吝，儉也；嗇夫：農夫也。
2. 服：服從。
3. 克：克服。
4. 母：根本之道。

5. 根柢：直根曰柢，鬚根曰根。

```
三  語  譯
```

　　治理人事，事奉上天，亦即順天應人之道，不如謹慎、儉樸的農夫。

　　唯有謹慎、儉樸的嗇夫，方得預先準備，早服於道，方能厚積諸德——清靜、無為、自然，能多方面積德，方能克服自然，能克服自然，其才能無可限制，才能無可限制，方能保有國家，懂得保有國家的根本之道，才可以維持長治久安。

　　治國有如種樹，根深柢固，方是長治久安之道。

```
四  說  明
```

　　持身保家，安邦定國，全在一個「嗇」字；嗇乃老子三寶之一，可防患於未然，消禍於未形，老子感知地球資源有限，順天應人，莫如嗇。

　　治國根本之道在於忠、孝、仁、愛、信、義、和、平；治國之序列，在於格物、致知、誠意、正心、修身、齊家、治國、平天下；其修養在於，在明明德，在親親，在新民，在止於至善。

第 六十 章

以無爲治國

一 原 文

治大國，若烹小鮮。

以道蒞天下，其鬼不神；非其鬼

不神，其神不傷人；非其神不傷

人，聖人亦不傷人。

夫兩不相傷，故德交歸焉。

二 注 釋

1. 烹：烹煮。
2. 小鮮：小魚。
3. 蒞：臨也，即治理。
4. 神：靈驗，神奇，意即不能作法。
5. 非：非但，不但。

6.傷：妨害也。

7.聖人：在上位之統治者。

三　語　譯

　　治理一個大國，要像煎小魚一樣；不可太過，亦不可不及。

　　用「道」來治理天下，鬼都不起作用；不只是鬼不起作用，即使鬼起了作用，也害不了人；同樣的，神也不迷惑人；在上位的人，也不能傷人。

　　如此，人、神、鬼，互不傷人，天下自然歸心矣。

四　說　明

　　老子主張以無為治理國家。

　　歷來天下大亂，在於統治者過分「有」為：不是假鬼神之說，即假各種主義之說；一會兒三民主義（藍色）、一會兒共產主義（紅色）、一會兒又民主、進步、希望、快樂主義（綠色建國）；甚而還有橘色、黑色……之黨，不斷的驅策著人民。弄得人民一頭霧水，不知所從，以致鬥爭連連，變亂年年……；反看美、英、日各國，北歐等先進國家，又有什麼主義，什麼「國策」？

　　主義！國策！是獨裁者的神主牌，是迷惑害人的鴉片煙。

第六十一章
國與國相交之道

一 原文

大國者下流，天下之交。天下之
牝，牝常以靜勝牡，以靜為下。

故大國以下小國，則取小國；小
國以下大國，則取大國；故或下
以取，或下而取；大國不過欲兼
畜人，小國不過欲入事人。

夫兩者各得其所欲，故大者宜為
下。

注 釋

1. **下流**：居於下游、卑下之處。
2. **交**：交會之處。
3. **牝**：雌性。
4. **牡**：雄性。
5. **下**：謙下。
6. **兼畜**：兼有天下而畜牧之。
7. **入事人**：求容於人；服事於大國。

語 譯

　　大國甘處於下游，為眾水之匯聚，即為天下之所歸附，就像自居於雌伏的地位一樣。雌伏常以安靜戰勝雄強，就在於牠安靜而謙下。

　　所以大國對小國謙下，即可掌握小國；同樣的，小國對大國謙下，亦可影響大國。所以，有時以謙下取人以國，有時以謙下而保有國家。

　　大國不過是要領導小國，小國不過是要被容忍於大國。如此，兩者都各得其所，其中大國尤應率先謙下。

四　說　明

　「以大事小者，樂天者也；以小事大者，畏天者也。樂天者保天下，畏天者保其國。」(《孟子·梁惠王下》)倘若不度德、不量力，硬要逞強，則小國必亡，大國亦不能久存。兩岸領導者，對此可以思過半矣！否則「三家（日、美、俄）分晉」之歷史悲劇將再度重演。

第六十二章

道之禮讚

(一) 原 文

道者萬物之奧，善人之寶，不善人之所保。

美言可以示尊，美行可以加人，人之不善，何棄之有。

故立天子、置三公，雖有拱璧以先駟馬，不如坐進此道。

古之所以貴此道者何？不曰求以得，有罪以免耶，故為天下貴。

(二) 注 釋

1.奧：藏也，屋之西南角，為神位擺放處。

2.寶：寶貝。

3.保：庇護也。

4.加人：加人一等。

5.三公：大臣也，即太傅、太師、太保。

6.拱璧：成拱形的大寶玉。

7.坐：正襟危坐，以示隆重。

（三）語　譯

　　道是宇宙萬物萬理深藏之所在，善人用以立身行事，重視得如同法寶般；就是不善之人，也要不違道，也須保有它。

　　善人得道，能以美言換取人家尊崇，能以美行高人一等；那麼不善的人，為何要棄道而不顧？

　　當天子即位，三公大臣就職時，雖有拱璧在先、駟馬隨後的隆重儀式，還不如進獻這一萬物之奧之道，以作為治理國家之寶。

　　自古以來，為何如此重視這「道」？古人豈不說過道是「有求必應，有罪可免」的嗎？所以說道是全天下最寶貴的東西。

（四）說　明

　　宇宙間以道為尊：萬物由道而生，由道而育，由道而

形、而成。

　　修道之人，若能得其奧，則無為之性自圓，無形自性自妙。故曰：盜亦有道──聖、勇、義、智、仁。

第六十三章
圖難於易，為大於細

(一) 原　文

為無為，事無事，味無味。

大小多少，報怨以德。

圖難於其易，為大於其細。天下難事，必作於易；天下大事，必作於細。是以聖人，終不為大，故能成其大。夫輕諾必寡信，多易必多難，是以聖人猶難之，故終無難。

(二) 注　釋

1. 為：施政，行政；動詞。

2. **無為**：此為為名詞。

3. **味**：動詞，吃也，嘗也。

4. **無味**：此味為形容詞，名詞。當淡泊講，當味道講。

5. **圖**：圖謀，謀慮也。

6. **不為其大**：不自以為做了大事。

三 語 譯

把無為當「作為」，把無事當「作事」，把無味當作滋味，不管人家對我的仇恨有多大多深，我總是以恩惠報答他。

圖謀克服困難，要在它容易之時，要做大事業，必在它還細微之時，因為天下難事始於易，天下大事起於細。因此在上位的人，始終不以為做了大事，才能成為大事。

凡是輕諾的人，必定寡信；把事情看得簡單的，勢必遭到困難。

聖主往往把容易的事情看作困難，所以他終於免於困難。

（四）說　明

　　「天下難事，必作於易；天下大事，必作於細。」本章主旨在說明聖主「圖難於其易，為大於其細」。這才是成就大事的必經之途。

第六十四章

無爲而無不爲

（一） 原　文

其安易持，其未兆易謀，其脆易泮，其微易散。為之於未有，治之於未亂。

合抱之木生於毫末，九層之台起於累土，千里之行始於足下。

為者敗之，執者失之；聖人無為，故無敗；無執，故無失。

民之從事，常於幾成而敗之。慎終如始，則無敗事。

是以聖人欲不欲，不貴難得之

貨；學不學，復眾人之所過，以輔
萬物之自然，而不敢為。

二 注 釋

1. 兆：徵兆也。
2. 泮：判也，化解。
3. 幾：幾乎。
4. 復：匡復、匡正。

三 語 譯

　　當局勢尚在穩定狀態時，比較容易維繫；當事變的徵兆
尚未出現時，比較容易化解；當事物尚在脆弱時，容易分
解；當事物尚在細微時，容易打消，所以凡事要事先作安
排，未亂之前，先做處理。

　　合抱之樹木，從細小的苗芽成長；九層的高台，起於堆
土；千里之遠行，始於足下的寸步。

　　一切循序漸進，積少成多，誰要刻意為之，誰就失敗；
誰要執意行之，誰就招損。聖人無為而為，所以沒有成敗；
無執而執，所以沒有損失。一般人做事，往往在快要成功
時，反而失敗了。假如能小心從事，有始有終，那就不會有
失敗的事了。

　　聖主所欲求的就是無欲，不寶貴難得之財貨；他所學習
的非一般之學，而是宇宙的真理，用來匡正眾人的過失，以
輔助萬物的自然發展，不敢勉強去干預。

(四) 說　明

　　無所為而為之，無所求而求之。
　　有所為有所不為，無所求無所不求。
　　得之我運，失之我命。

第六十五章
我無爲而民自化

(一) 原 文

古之善爲道者，非以明民，將以愚之。民之難治，以其智多。

故以智治國，國之賊；不以智治國，國之福。

知此兩者亦楷式，能知楷式，是謂玄德。玄德深矣、遠矣，與物反矣，乃至於大順。

(二) 注 釋

1. 明民：使人民聰明。
2. 楷式：敬禮，取法。

三 語 譯

自古以來，善於以道治人者，不是用道來教育人民聰明，而是用道來教人淳樸魯直的；人民之所以為刁民難以治理，由於他們知道得太多。

所以，用智巧治國，是國家的災害，不用智巧來治國，是國家之福祉。智與不智乃國家治亂的分界點，認識這一分野點，就叫作「玄德」。

這玄德又深又遠，是返真歸璞，與一般的現象反其道而行，這叫作大順。

四 說 明

無為無事，守靜寡欲，往往與民同登極樂之境，蓋「我無為而民自化，我好靜而民自正，我無事而民自富，我無欲而民自樸」。

窮山、惡水、僚官、污吏、刁民、潑婦……確非國家社稷之福。

第六十六章
以言下民，以身後民

（一）原文

江海所以能為百谷王者，以其善下之也，故能為百谷王。

是以聖人欲上民，必以言下之；欲先民，必以身後之。

是以聖人處上而民不重，處前而民不害，是以天下樂推而不厭，以其不爭，故天下莫能與之爭也。

（二）注釋

1. 谷：河谷。
2. 上民者：居民之上。

3.先民者：居民之先。

4.重：有壓力。

5.推：推舉擁戴。

6.厭：厭棄之。

三 語　譯

　　江海之所以能成為百川之王，是由於它自處眾河之下，所以能匯聚眾水成為百川之王。

　　因而，要治理百姓，成為眾民之上者，必須言辭謙遜；進一步要想成為萬民之先，必先身處退讓之境。

　　所以，聖明的統治者，雖身在萬民之上，人民不會感到有壓力；身居萬民之前，人民不會感到礙眼。因此，天下百姓樂而推舉他、擁戴他而不厭棄他。

　　這就是與人無爭，天下莫能與之爭的道理。

四 說　明

　　聖人無常心，以百姓之心為心。因而，不自是以為是，不自知以為知。

　　為政者倘若言不遜下，則謙讓之風不行，若身不處後，則修己之德不大，凡與民爭者，勢必互爭，天下大亂矣！

　　堂堂總統之尊，豈可與一個小小市長爭風吃醋，自尊而人尊，自侮而後人侮之。

第六十七章

慈、儉、後三寶

一 原 文

天下皆謂我大，似不肖；夫惟大，
故似不肖；若肖，久矣其細也。

我有三寶，持而寶之：一曰慈，二
曰儉，三曰不敢為天下先。

慈，故能勇；儉，故能廣；不敢為
天下先，故能成器長。

今舍慈且勇，舍儉且廣，舍後且
先，死矣。

夫慈以戰則勝，以守則固，天將
救之以慈衛之。

（二） 注　釋

1. 肖：比擬。
2. 舍：捨也。
3. 器：萬民，萬物。
4. 長：領袖。
5. 且：猶也，還要，反要。

（三） 語　譯

　　天下人都說我的道太大了，大得沒有東西可以比擬，正因為這道大得有如「無形無象，存乎天地，無所不在，無所不容」，所以才無可比擬；若道真像某些具體東西的話，那早就微不足道了。

　　我有三件寶物，一直掌握著、保存著：第一是慈柔；第二是儉嗇；第三是凡事退讓不敢走在人前。

　　因為慈愛人民，故能產生勇氣，保護全民；因為儉約一定有餘，顯得寬廣；因為知退讓，不與人爭，反而受人擁戴，成為眾人之領袖。

　　如今人民捨棄慈柔，但求勇狠成為殘酷猛苛；捨棄儉約，但求浪費浮濫；捨去退讓，還要搶先急進，這是死路一條。

　　用慈愛來迎戰，必定勝利；用慈愛來防衛，必能固守，

天救那些以慈愛衛護之人。

四 說 明

　　慈、儉、不敢為天下先，乃老子衛民治國的三大法寶，而其中以慈為最重要。

　　人生在世，最需要一顆愛心；為政以愛人為本，故曰：仁愛為接物之本。

第六十八章
用人之力，配天之極

（一）原文

善為士者不武，善戰者不怒，善勝敵者不與，善用人者為之下。

是謂不爭之德，是謂用人之力，是謂配天，古之極。

（二）注釋

1. 士：武士。
2. 不與：不與之爭。
3. 極：至德要道。

（三）語譯

作為一個好的武士，不輕易呈現他的勇武；善於作戰的

將軍，不刻意呈現他的強勢；能勝敵的人，不與強敵爭鋒，善於用人的領袖，反處於眾人之下。

這種不與人爭（不武、不怒、不與）之德，也就是「用人之力」（借勢使力）是合乎天道的，是自古以來的真理。

四　說　明

不爭之爭，不戰而屈人之兵，乃是戰爭的最高哲學。

第六十九章
不爭之爭，哀兵必勝

一 原文

用兵有言：「吾不敢為主而為客，不敢進寸而退尺。」是謂行無行，攘無臂，仍無敵，執無兵。

禍莫大於輕敵，輕敵幾喪吾寶；故抗兵相加，哀者勝矣。

二 注釋

1. 主：主動攻擊、侵略。
2. 應：被動防衛、應戰。
3. 行無行：行軍無行陣。
4. 仍：就近也。
5. 兵：兵器。

⊜ 語 譯

自古用兵的人說得好：「我不敢採攻勢，而採守勢；不敢以寸進為得，而以尺退為慮。」換句話說，作戰時要以退為進，做到無陣勢可擺，無臂膊可舉，無敵人可峙，無兵器可用。

禍害之大莫過於低估了敵人的實力，低估了敵人幾乎喪失了我的三寶（慈、儉、不敢為天下先），當兩軍對抗勢力相當時，哀兵必勝。

⊝ 說 明

以退為進，以靜制動，乃戰爭最高指導原則。

第 七十 章
知難行亦難

一 原 文

吾言甚易知，甚易行，天下莫能知，莫能行。

言有宗，事有君，夫唯無知，是以不我知。

知我者希，則我貴矣，是以聖人被褐懷玉。

二 注 釋

1. 宗：有所本，有其根源。
2. 君：主宰也，故曰君主。
3. 則：規則，效法也。

4.貴：有如鳳毛麟角更少了。
5.被褐：披著粗毛衣。
6.懷玉：懷抱著美玉。

```
(三) 語 譯
```

　　我的理論，原本很容易了解，也很容易實行；但人們囿於成見，習於因循，所以沒有人能了解，沒有人能實行。

　　其實，我的言論以宇宙本題為根源；我的行事以天地運行為主宰。

　　正因為世人不了解我的理論，所以也不了解我的為人；由於了解我理論的人很少，所以能取法我行為的人，那就更少了。

　　聖人之所以不被認識，就如同美玉被粗布所包裹著一般。

```
(四) 說 明
```

　　老子慨嘆大道不為人所知，不為人所行；舉目斯世，相識滿天下，相知無一人。聖人只好守其真，暫同其塵而已。

　　舉世滔滔，已有不可救藥之嘆！

第七十一章
大智若愚

（一）原文

知，不知，上；不知，知，下。病；

夫唯病病，是以不病。

聖人不病，以其病病，是以不病。

（二）注釋

1. 知：知道（動詞）。
2. 不知：無知（名詞）。
3. 上：第一等人。
4. 不知：不知道（動詞）。
5. 知：智慧（名詞）。
6. 病：病態。
7. 病病：前一字動詞，後一字名詞。

三 語 譯

知道自己的無知，是第一等人；不知道自己，而自以為有智慧，那就是病態。正因為把病當病，不諱疾忌醫，所以才會不病。

聖人是沒有毛病，因為他正視毛病，把毛病當毛病看，所以他沒有毛病。

四 說 明

知之為知之，不知為不知，是知也。不自知是一般人的通病。老子以為：強不知以為知，病也；不強不知以為知，是不病也。

第七十二章

人心如道心

（一）原文

民不畏威，則大威至矣。無狹其所居，無厭其所生。

夫唯不厭，是以不厭；是以聖人自知不自見，自愛不自貴，故去彼取此。

（二）注釋

1.威：威力，強暴。指君上苛政的威逼。

2.大威：大的暴亂，意指反抗。

3.狎：通狹，指沒有生機。

4.厭：厭煩，厭惡。

5.見：即現。

三 語 譯

當人民不在乎統治的高壓苛政時，那麼大的動亂，危機就要出現了。所以不要逼迫得人民沒有生機，不要阻礙了人民的生計。

當你不阻礙人民的生計，人民才不會對你感到厭煩、厭惡。

因此，在上位的聖君，但求自知，不求自現；但求自愛，而不自以為貴，他寧願捨去後者（自現、自貴），保有前者（自知、自愛）。

四 說 明

為政應以愛民為本，「民之所欲，長在我心」。

老子特警告極權暴君、獨裁統治者，不要濫用威權處人民於水深火熱之中；否則，總有一天逼得人民鋌而走險，天下大亂，像太平天國起義一樣。

第 七十三 章

天道無所爲，無所不爲

一 原 文

勇於敢則殺，勇於不敢則活；此兩者或利或害，天之所惡，孰知其故，是以聖人猶難之。

天之道不爭而善勝，不言而善應，不召而自來，繟然而善謀，天網恢恢疏而不失。

二 注 釋

1. 敢：果敢無畏。
2. 不敢：不冒昧以進。
3. 繟：通嘽。平地狀，坦也。
4. 天網：天地間自然之道理。

5.恢恢：廣大貌。

三　語　譯

　　勇而果敢冒進者，常橫死；勇而不冒昧以進者，得以存
活。這兩種勇各有所畏，有的受害，有的蒙利，連聖人都說
不出道理來。

　　天之道往往是這樣的：不爭鬥而獲勝，不說話而有回
應，不召喚而自來，平淡無奇卻又善謀。

　　天道好像一張大網般，它疏空、廣大、無邊，卻又無所
不包，無所不容，絲毫不會遺漏。

四　說　明

　　天之道（即自然法則），厭棄剛強力爭而唱柔弱無爭。

　　天不與物爭，物無不順天而化，順天而運，未有逆乎天
之物，是不爭而勝之明證；天不與物言，物無不順時而生，
感時而長，未有違乎天之物，是不言而自應之明證；天不召
物，何陽神鬼神、羽毛鱗介各有動態，是不召而自來也。

第七十四章

爲政者不得藉口以殺人

（一）原　文

民不畏死，奈何以死懼之，若使

民常畏死而為奇者，吾得執而殺

之，孰敢？

常有司殺者殺，夫代司殺者殺，

是謂代大匠斲；夫代大匠斲者，

希有不傷其手矣。

（二）注　釋

1. 奇者：怪異邪惡之人。
2. 有司：主生殺大權之天道。
3. 大匠：木匠。
4. 斲：砍削。

5. 希：很少。

三　語　譯

　　當人民不怕死的時候，為什麼要以死來威嚇他；如果人民真怕死的話，當作姦犯科的人抓來處死後，誰敢再犯？

　　萬物之生生死死，自有天道去言，你又何必代天道去殺人；就如同常人代木匠去砍削木頭；凡代木匠砍削木頭者，很少有不傷到手的。

四　說　明

　　天道之恢恢，萬物之生死，自有其報應，何勞我假手以代。

第七十五章

淡泊勝奢侈

（一）原文

民ㄇ之业饑ㄐ，以一其ㄑ上ㄕ食ㄕ稅ㄕ之业多ㄉㄨㄛ，是ㄕ以一饑ㄐ。

民ㄇ之业難ㄋ治ㄓ，以一其ㄑ上ㄕ之业有ㄧ為ㄨㄟ，是ㄕ以一難ㄋ治ㄓ。

民ㄇ之业輕ㄑ死ㄙ，以一其ㄑ求ㄑ生ㄕ之业厚ㄏ，是ㄕ以一輕ㄑ死ㄙ。

夫ㄈ唯ㄨ無ㄨ以一生ㄕ為ㄨ者ㄓ，是ㄕ賢ㄒ於ㄩ貴ㄍ生ㄕ。

（二）注釋

1. 饑：五穀歉收曰饑，果蔬歉收曰饉。
2. 輕死：鋌而走險，以身試法。

（三）語　譯 ╱╱╱✻

　　人民之所以貧窮困苦，由於在上位者聚斂太多，賦稅太
重，因此陷於饑饉；人民之所以難以治理，是由於在上位者
多事妄作，自以為有為，事事干涉、處處節制，使人民無所
適從，所以難以治理；人民之所以鋌而走險，輕於犯死，由
於在上位的人自奉過奢，落得民窮財盡，人民只好冒著生命
危險去為非作歹；只有那恬淡無欲者，一定比只顧生活享受
的人要高明多了。

（四）說　明 ╱╱╱✻

　　稅重、政煩，乃是經國濟民的兩大致命傷。
　　在上位者與其好大喜功、窮奢極侈，不如無求無欲、儉
約過日。老子不是說過：「我無為而民自化，我好靜而民自
正，我無事而民自富，我無欲而民自樸」〈第五十七章〉
嗎？
　　人君為治，有自然之大法；君子養身，亦有自然之大
道，不任一己之機智，不重一己之嗜欲而後可！

第七十六章

柔弱勝剛強

（一）原文

人之生也柔弱，其死也堅強；萬物草木之生也柔脆，其死也枯槁。

故堅強者死之徒，柔弱者生之徒；是以兵強則不勝，木強則兵；強大處下，柔弱處上。

（二）注釋

1.徒：形態，類別。

2.兵：砍伐。

三 語 譯

　　人活著的時候柔弱，死了變硬挺；草木萬物活著的時候
柔軟，死時變得枯槁。所以凡堅強者必死亡；柔弱者必存
活。因此，軍備強大者必敗亡，樹木粗壯者必被折損。自恃
強大者必居劣勢，自認柔弱者反居優勢。

四 說 明

　　老子從自然界觀察到「堅強者死之徒，柔弱者生之徒」
的道理，勸人棄強取弱，捨剛守柔。牙齒堅固，其硬無比，
反而脫落；舌頭柔弱軟圓，得以保存。

第七十七章
天道以謙

（一）原文

天之道其猶張弓與？ 高者抑之，
下者舉之，有餘者損之，不足者
補之。

天之道，損有餘而補不足；人之
道則不然，損不足以奉有餘。

孰能有餘以奉天下？ 唯有道者。

是以聖人為而不恃，功成而不
處，其不欲見賢。

（二）注釋

1.與：通歟，語助詞，當嗎、乎字講。

2. 抑之：壓低。
3. 見：表現。

（三）語　譯

　　天之道，如同張弓射箭，高了就壓低點，低了就舉高點。天道是折損有餘以補不足；人道則不然，往往折損不足以供有餘。

　　誰能以有餘以奉天下，唯有有道之人才能做到。

　　所以，聖主在上，有所作為、不自恃其能；有所成就，不自居其功，由於他不想自現其賢德。

（四）說　明

　　自然規律（天道）是損有餘以補不足；人心（人道）則反是，損不足而奉有餘，人間之不平莫過於此。常見錦上添花而未見雪中送炭者。

　　老子要我們不可過分勢利。要人法天、法道、法自然。

第七十八章
水之德

一　原文

天下柔弱，莫過於水，而攻堅強者，莫之能勝，以其無以易之。

弱之勝強，柔之勝剛，天下莫不知，莫能行。

故聖人云，受國之垢，是謂社稷主，受國之不祥，是謂天下王。

正言若反。

二　注釋

1. 易之：改變。
2. 垢：汙辱。

3. 不祥：有災難。

4. 王：統一之主；其人能貫天、貫地、貫人者，是為王。

（三）語　譯

　　世間沒有比水更柔弱的東西了，但是，也沒有任何可以「攻堅克強」的物質，比得上水的。更沒有任何一樣東西可以改變水的本性。

　　「弱能勝強，柔能勝剛」的道理誰都知道，但卻沒有人能做到。

　　所以，聖人說：「能夠承受全國的污辱的人，才配做社稷之主；能夠承擔全國的災禍的人，才配做天下的共主」。

　　合乎大道的正直話，卻與世俗之見相反。

（四）說　明

　　「五行：一曰水，二曰火，三曰木，四曰金，五曰土。」（《尚書·洪範》）。

　　天首生水，其質最微，無色、無臭、無味、無形、無狀；其次生火，其質始著，有色、有焰、有熱；其次生木，其質始成，有形、有狀；其次生金，其質始堅；其次生土，其質始大。

　　四行皆堅強於水，唯水質最微、最弱，也最堅、最強。

　　以火之烈，遇水則滅，以木之強，遇水則腐；以金之

重，遇水則沒；以土之實、之厚，遇水則鬆、則軟。

天下物之堅強者，遇水，潤之無不透，泡之無不開。

第七十九章

處於無為，安於自然

一 原文

和大怨，必有餘怨，安可以為善？

是以聖人，執左契而不責於人。

有德司契，無德司徹。

天道無親，常與善人。

二 注釋

1. 和：和解也。
2. 大怨：大怨仇。
3. 善：好辦法。
4. 左契：存根也。
5. 徹：剝也，取也；什一而稅之謂徹，見《論語・顏淵》：

「年饑用不足，如之何？」有若對曰：「盍徹乎？」

三 語 譯

　　要和解重大的冤仇，必然留有餘怨，這豈是一種好辦法？因此，賢明的聖主，雖握有借據的存根而不去追討，逼人償還。因此，有德之人，就像擁有借據的人那樣，從容的等待人來償還；那無德的人，就像追討欠稅那樣的急迫、計較。

　　天道只與不取，天道對人無所好惡喜樂，他常庇佑善人。

四 說 明

　　以我求合於人者，人之道也；我不求合，而物自來合者，天之道也。

　　聖人之所以執左券而不責於人，乃安於無為，處於自然之妙也。

第八十章

小國寡民

（一）原文

小國寡民，始有什伯之器而不用。

使民重死而不遠徙，雖有舟輿，無所乘之；雖有甲兵，無所陳之。使民復結繩而用之，甘其食，美其服，安其居，樂其俗。鄰國相望，雞犬之聲相聞，民至老死，不相往來。

（二）注釋

1. 什伯：「利不百，不變法，功不十，不易器。」（《史記·

商君列傳》）意即雖有十倍百倍之利器新法，亦不輕易使用。

2. 甲兵：武器之總稱，防禦的曰甲，攻擊的曰兵。

（三） 語　譯

理想中的國家，不在於領土的大小、人民的多寡，而在於有新法利器不必使用；人民不必離鄉背井，為了生活而浪跡遠方。雖有舟車，沒有機會去乘坐，雖有鎧甲兵器，也不必陳列展示。

人民恢復到結繩時代的單純生活：飲食粗糙卻甘美；衣著簡單而美觀大方；居住的地方單純而安適；風俗純美而和樂。

國與國之間的人民互相望得見，雞犬之聲也聽得見，人民各得其所，到老死也不相往來。

（四） 說　明

以下是老子構建的「理想國」，國無論大小，民不論多寡。

1. 政治上：無為而治，重死而不遠徙，雖有車輿，無所乘之。

2. 軍事上：沒有戰爭發生，只有互助合作，雖有甲兵無所陳之。

3. 文化上：精神生活充實，物質生活樸實，復結繩而用之。

4. 國際間：互信互諒，和平相處，鄰國相望，雞犬之聲相聞。

如此將不會有：生產過剩、勞資衝突所引起的殖民競爭、商業戰爭與階級鬥爭矣！

第八十一章
施比受有福

一 原文

信言不美，美言不信；善者不辯，辯者不善；知者不博，博者不知。

聖人不積：既以為人，己愈有；既以與人，己愈多。

天之道，利而不害；聖人之道，為而不爭。

二 注釋

1.信言：信實的語言。

2.博：雅博，博學之義。

3.而：你也，彼也，指他人，泛指萬物。

4.為人：為了別人，幫助別人。

5.與人：給予別人，幫助別人。

三　語　譯

　　信實的言語，不必刻意美化，花言巧語定然不真實；良善之人，用不著巧辯，巧辯之人通常定非善類；真知的人絕不賣弄，刻意賣弄知識的人，絕非真知的人。

　　聖明的君主，無私無欲，不積私蓄。他愈幫助人，自己愈有餘；他愈施與人，自己愈富有。

　　天之道，利於萬眾而不害；聖主之道，只施與而不佔有。

四　說　明

　　「捨得，捨得！」有捨就有得，無捨當然無所得，故愈施與就愈富足，能施與就是富足。利人即利己。

　　「得失，得失！」有得必有失，愈想得到，愈是失去；貪得無厭，眾人棄之，其親人亦棄之。

參考書目

先秦戰爭哲學	曾國垣	台灣商務　61.8 初版
老子	余培琳	台北時報出版公司　76.1 初版
老子	張光裕	北京燕山出版社　1995.4
老子今譯	徐松柏	台北西南書局　75.4 六版
老子的世界觀	胡汝彥	台南祥一出版社　86.12
老子思想新釋	王柯平	北京外文出版社　1998 一版
老子思想新釋	鄭鴻	台北八方文化企業公司　89.7 初版
老子校釋	朱晴園	台北世界書局　57.11 再版
老子演義	止庵	江西教育出版社　2000.12 一版
老子章句新釋	張默先	台中藍燈文化事業　65.11 初版
老子微旨例略	王忠銘	台北東昇出版事業　69.10 初版
老子與道家	李中	台灣商務　1995.9 初版二刷
老子道德經	魏・王弼註	台北河洛出版社
老子讀本	楊宏儒	台南偉士出版社　84.1 再版
老子學術思想	張揚明	台北黎明文化事業　85.5 三版

經子肄言　　　劉百閔　　　台北遠東圖書公司　53.6 初版
道家史論　　　莊萬壽　　　台北萬卷樓圖書公司　89.4 初
　　　　　　　　　　　　　　版
道德經講義　　宋常昱　　　台中自由出版社　47.8 初版

跋

「老子」自道

韓德威

　　父親今年八八六十四歲。自四年前退休，開始積極寫作，每年出爐一本新書：從《馳騁英倫》、《挑戰歷史》、《顛覆歷史》、《八卦歷史》，到今年的《黑白歷史》與《老子道德經新解讀》。其退而不休的毅力與學習奮進之精神，不僅令週遭的親友敬佩，更讓我們每位子女，以擁有這樣的父親為榮。

　　然而，父親的了不得，若僅從『中華民國名人錄』中，亦無法顯示其人格的不平凡。我以〈「老子」自道〉這篇跋，來述說我心目中這位『臺灣蘇格拉底』的特殊個性。

　　雖然年逾六十，頭上白髮卻比三十歲的我還少；並不是我少年白，而是父親硬朗的身體與旺盛的精神力，令人印象深刻。我以為父親的特質有五：『言語不爭』、『為而不言』、『功成不居』、『起居知足』與『處世無為』。

　　『上善若水，水善利萬物而不爭，夫唯不爭，故無尤！』學問到了某種境界，便不易與人爭辯；因為真理不變，更不會因為爭辯而有所改變。學富五車卻虛懷若谷，此種氣度，非常人能夠。

　　直到有一天收到從泰國北部寄來耶誕卡與全家福的相

片，才知道父親默默地在偏遠的泰北山區，捐獻了兩棟房屋，供泰北難民居住。幾經待業之苦，父親雪中送炭般地接濟，令我感到嚴父私下的慈愛。『太陽不說話』的高深哲理，只有我們子女才能感受到父親如暖陽般的愛心。

『處無為之事，行不言之教；生而不有，為而不恃，功成弗居。』我們兄妹四人，若有所成就；可說都是父親從旁指導、努力掙來的。他對於我們的成就，卻從不居功，也不求回報。雖是我們的父親，卻如同朋友般，以六十歲的高齡，與我一同參加艱苦的水上救生員訓練；如同同學般，與我一同報考第一期的華語導遊。樂打「拿破崙」，穿鞋不穿襪；背兒走千里，清官判家務。真的處無為之事，行不言之教。

至於『起居知足』。記得中學時，用自己的零用錢買了一雙五百元的球鞋，卻被念個臭頭：『難道五百元的球鞋可以跑得比一百元球鞋快五倍？』對於口腹之欲，最常告訴我們的話是：『任何食物進入喉嚨以下，都是食糜，何來山珍海味？』家境比小康好些，卻從不裝冷氣；冬天不遇寒流，不洗熱水。如此簡樸的生活，怕只有顏回可相比。

『治大國，若烹小鮮。』自小父親以洗碗、洗菜、煮飯教咱們生活之道，卻不刻意左右我們的作為與決定；類似放縱般的自主，卻讓我們更易生存於此一都市叢林之中。我們相信父親從「為無為」、「味無味」到「知不知」，「病不病」的教育理念，才是我們成功的最大關鍵。

父親『知者不搏，聖人不積；既以為人己愈有，既以與

人己愈多』的處世哲學，以及謙恭的求知態度，等您細品
《老子道德經新解讀》，便可窺知一二。

　　＊本跋作者是我家二兒子。「生我者父母；知我者兒
子」，就算他們一無所能，一無所有，也夠我滿足一輩子
了。

國家圖書館出版品預行編目資料

老子道德經新解讀 ／韓廷一著, --初版 --臺北
市：萬卷樓, 民 92
　　面；　　公分

ISBN 957－739－429－9 (平裝)

1. 道德經-註釋

121.311　　　　　　　　92000820

老子道德經新解讀

著　　　者：韓廷一
發　行　人：楊愛民
出　版　者：萬卷樓圖書股份有限公司
　　　　　　臺北市羅斯福路二段 41 號 6 樓之 3
　　　　　　電話(02)23216565．23952992
　　　　　　傳真(02)23944113
　　　　　　劃撥帳號 15624015
出版登記證：新聞局局版臺業字第 5655 號
網　　　址：http://www.wanjuan.com.tw
Ｅ－mail　：wanjuan@tpts5.seed.net.tw
經銷代理：紅螞蟻圖書有限公司
　　　　　　臺北市內湖區舊宗路二段 121 巷 28 號 4F
　　　　　　電話(02)27953656(代表號)　傳真(02)27954100
Ｅ－mail　：red0511@ms51.hinet.net
承印廠商：晟齊實業有限公司
定　　　價：240 元
出版日期：2003 年 2 月初版
　　　　　　2004 年 2 月初版三刷

ISBN 957－739－429－9